살고
사랑하고
업적을 남겨라

THE WISDOM AND TEACHINGS OF STEPHEN R. COVEY
by Stephen R. Covey

Copyright ⓒ FranklinCovey Company

Korean translation copyright ⓒ 2017 by Gimm-Young Publishers, Inc.
All rights reserved.
This Korean edition was published by arrangement with FranklinCovey Co.

살고, 사랑하고, 업적을 남겨라

1판 1쇄 인쇄 2017. 4. 17.
1판 1쇄 발행 2017. 5. 2.

지은이 스티븐 코비
옮긴이 김경섭

발행인 김강유
편집 성화현 | 디자인 홍세연
발행처 김영사
등록 1979년 5월 17일(제406−2003−036호)
주소 경기도 파주시 문발로 197(문발동) 우편번호 10881
전화 마케팅부 031)955−3100, 편집부 031)955−3250 | 팩스 031)955−3111

이 책의 한국어판 저작권은 저작권사와의 독점 계약으로 김영사에 있습니다.
저작권법에 의해 한국 내에서 보호를 받는 저작물이므로 무단전재와 무단복제를 금합니다.

값은 뒤표지에 있습니다. ISBN 978-89-349-7780-3 03910

독자 의견 전화 031)955−3200
홈페이지 www.gimmyoung.com   카페 cafe.naver.com/gimmyoung
페이스북 facebook.com/gybooks   이메일 bestbook@gimmyoung.com

좋은 독자가 좋은 책을 만듭니다.
김영사는 독자 여러분의 의견에 항상 귀 기울이고 있습니다.

이 도서의 국립중앙도서관 출판시도서목록(CIP)은 서지정보유통지원시스템 홈페이지
(http://seoji.nl.go.kr)와 국가자료공동목록시스템(http://www.nl.go.kr/kolisnet)에서
이용하실 수 있습니다.(CIP제어번호 : CIP2017008999)

스티븐 코비 지혜의 말

L I V E
— 살고 —

L O V E
— 사랑하고 —

LEAVE A LEGACY
— 업적을 남겨라 —

스티븐 코비 | 김경섭 옮김

김영사

Contents

이 책에는 우리 시대의 위대한 스승인 스티븐 코비 박사의
지혜가 담겨 있습니다.

코비 박사의 청년 시절, 주변에서는 그가 당연히 가족
이 운영하던 호텔 사업을 물려받으리라 기대했습니다. 하
지만 그건 그가 원하는 길이 아니었습니다. 그는 뭔가 다
른 방식으로 세상에 기여하고 싶었습니다. 그는 스승이 되
어 사람들이 자기 안의 가능성을 발휘하는 데 자신의 삶
을 바치고 싶었습니다. 그는 "모든 인간은 소중하다", "그
들 안에는 거대한, 거의 무한한 가능성과 잠재력이 깃들어
있다"라고 써놓고 그 목표에 다가가기 위해 하버드 대학
원을 나와 대학 교수가 되었고, 정부와 기업 리더들의 컨
설턴트가 되어 자신의 영향력을 점점 더 확대해나갔습니
다. 그리고 많은 사람들이 이 시대에 가장 큰 반향을 불러

온 책 중 하나로 일컫는《성공하는 사람들의 7가지 습관》이 1989년 출간되면서 코비 박사는 전 세계적으로 영향력을 끼치게 되었습니다. 이 책과 그의 다른 저서들은 세계 곳곳의 가정이나 사무실 서재에서 쉽게 찾을 수 있습니다.

스티븐 코비 박사의 가르침뿐 아니라 그의 삶 자체가 영구불변한 원칙의 힘이 어떤 것인지 보여줍니다. 그는 시류에 영합해 명성을 얻고 성공하려 하지 않았습니다. 코비 박사가 정말 열정을 갖고 임했던 일은 직업적인 성공과 개인의 내면적인 만족을 위해서 불변의 진리를 가르치고 구현시키는 것이었습니다.

성실성, 균형, 비전, 사랑과 같은, 인생을 결정짓는 원칙들을 중심으로 구성된 이 책은 다양한 이야기와 인용구들을 통해 그런 원칙들을 감동적이고 마음에 와 닿게 풀어냅니다.

코비 박사는 이제 없지만, 우리는 세월이 흘러도 변하지 않는 그의 가르침들을 언제나 기억할 것입니다. "진실은 진실이고, 그 자체로 자명하다." "사람은 원칙 없이 살면서 우주가 자신에게 맞춰주기를 기대할 수 없다." "당신의 삶은 소중하며, 적당히 살면서 낭비할 수도 있고 위대함을 향해 노력하며 살 수도 있다."

– 코비 가족

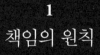

1
책임의 원칙

– ACCOUNTABILITY –

내 일곱 살짜리 아들 스티븐이 마당의 잔디를 관리하겠다고 자원했다.

"아들아," 나는 말했다. "우리 옆집 잔디가 얼마나 푸르고 깨끗한지 보이지? 그게 우리가 원하는 거야. 푸르고, 깨끗하게. 우리 잔디는 엉망이지? 그러면 안 되는 거야. 푸르지가 않지. 푸르고 깨끗한 게 우리가 원하는 거라고."

2주의 시간과 두 가지 목표를 줬다. 푸르고 깨끗하게.

토요일이었다. 아들은 아무 일도 하지 않았다. 일요일에도, 월요일도 마찬가지였다. 화요일에 출근하는 길에 나는 7월의 뜨거운 태양이 누렇고 지저분한 잔디를 비추는 모습을 지켜보며, 아들에게 실망했고 화가 났다.

나는 잔소리꾼으로 변하기 직전이었다. 그렇지만 그러면 그의 내적 책임의식은 어떻게 되겠는가?

그래서 나는 억지로 미소 지으며 말했다. "아들 안녕! 좀 어때?"

아들은 대답했다. "좋아요!"

나는 화를 억누르고 저녁식사를 마칠 때까지 기다렸다. 그리고 아들에게 말했다. "아들아, 우리 약속했던 대로, 함께 잔디를 돌아보자. 네가 어떻게 잔디를 관리했는지 보여주렴."

우리는 문 쪽으로 향했고, 아들의 턱이 가늘게 떨렸다. 눈물이 차오르더니 잔디 마당 중간에 도달하자 그 애는 훌쩍거리고 있었다.

"너무 힘들어요, 아빠!"

나는 생각했다. 뭐가 너무 힘들다는 거야? 아무것도 안 했잖아! 그렇지만 사실 뭐가 힘든 건지 알고 있었다. 바로 자기 관리였다. 그래서 나는 물었다. "내가 도와줄까?"

"그래도 돼요?" 아들은 훌쩍이며 되물었다.

"우리가 어떻게 하기로 약속 했었니?"

"시간이 있으면 도와주시기로 했어요."

"지금 시간이 있구나."

아들은 집 안으로 뛰어가서 쓰레기 수거용 자루 두 개를 갖고 와 하나는 내게 건네주었다. "저것 좀 주워주실 수 있어요?" 아들은 토요일 밤 바비큐 파티의 잔재를 가리키며 말했다. "보기만 해도 토할 것 같거든요."

나는 아들이 요청한 대로 도와주었고, 아이는 그 합의사항을 자기 것으로 만들었다. 잔디밭은 완전히 아들의 전담 구역이 되었다.

여름 내내 아들은 겨우 한두 번 정도 도움을 요청했고, 잔디 마당을 빈틈없이 돌보았다. 잔디밭은 내가 관리할 때보다 푸르고 깨끗해졌다.[7]

*

책무가 책임감(주도적 대처능력)을 낳는다.[3]

*

우리는 모두 우리가 관리할 수 있는 관할 밖의 일에 관심이 많고, 그것이 올바른 태도이다. 하지만 관할 밖의 일을 하는 가장 현명한 방법은 관할을 확대하는 것이다.[4]

*

사람들에게 책임을 지게 하는 것은 그들을 모욕하는

것이 아니라, 그들을 긍정하는 것이다.[7]

♪

실수는 할 수 있지만, 실수를 인정하지 않는 것은 또 다른 문제이다. 사람들이 실수를 용서하는 것은 대부분의 실수란 판단의 오류에서 기인하기 때문이다. 그러나 사람들은 악의, 불순한 동기, 오만, 정당화 같은 마음의 실수는 쉽게 용서하지 않는다.[7]

♪

약속을 지키기 위해 어떤 값이든 치를 준비가 되어 있지 않다면 약속이란 말을 쓰지 마라.[8]

♪

약속을 하고 지키지 못하는 만큼 심각하게 신뢰를 무너뜨리는 일은 없다. 반대로, 약속을 지키는 것만큼 신뢰를 쌓는 일도 없다.[8]

♪

선택에 따른 당연한 결과로부터 보호해주는 것은 무

책임함을 가르치는 일이다.[4]

✌

관계에 관련된 대부분의 문제는 서로의 역할이나 목표가 충돌하거나 기대치가 달라서 일어난다.[7]

✌

관리의 원칙은 그것이 무엇이든 간에 본인의 과제와 책임에 집중하는 데 있다. 자신의 임무가 확장될 정도로 집중해야 한다. 임무를 기대 이상으로 수행해서 그 역할이 전보다 더욱 커지는 것이다. 예를 들어, 남편으로서의 역할을 하려면 아이들에게 훌륭한 본이 되어주고 부인에게는 따뜻하고 이해심 깊은 동반자가 되기 위해 집중하는 것이다.[4]

✌

상황을 나아지게 하고 싶으면 자신부터 더 나은 사람이 돼야 한다. 아내를 바뀌게 하고 싶다면 당신이 바뀌어야 한다. 남편의 태도를 바꾸고 싶다면 당신의 태도를 바꾸어야 한다. 더 자유로우려면 더 많은 책임을

지고 스스로 더욱 절제해야 한다.[4]

◈

아이를 순종적으로 키우고 싶다면 부모인 우리 자신부터 어떤 규율이나 원칙을 지키는 모습을 보여줘야 한다.[4]

◈

망가진 관계를 회복시키고 싶다면 우리는 우선 스스로를 돌아보며 자신의 책임과 문제를 찾아내야 한다. 옆에서 서로를 비난만 하는 것은 쉽지만 결국 자기를 정당화하고 자존심만 내세우게 될 뿐이다.[4]

◈

느낌이 사람을 정의하지 않는다. 기분도 사람을 정의하지 않는다. 심지어 사람의 생각조차 그 사람 자체라고는 할 수 없다. (……) 자아의식을 통해 우리는 스스로에게 한걸음 떨어져서 자신이 스스로를 어떻게 바라보는지 관찰할 수 있다.[7]

개입되지 않으면 헌신하지 않는다. 별표를 그리고, 밑줄을 긋고, 동그라미 쳐가며 개입시키고 포함시켜라. 직접 개입 없는 헌신은 없다.[7]

2
균형의 원칙

- BALANCE -

숲속에서 나무를 베기 위해 열심히 톱질을 하는 사람을 만났다고 상상해보자.

"뭘 하십니까?" 당신이 물었다.

그는 짜증스레 대답한다. "보면 몰라요?", "지금 이 나무를 베고 있잖아요."

"무척 지쳐 보이는군요! 톱질을 시작한 지 얼마나 되었어요?"

"다섯 시간이 넘었어요." 그가 대답한다. "이제 기운이 다 빠졌어요. 정말 힘든 일이오."

"몇 분 정도 쉬며 톱날을 가는 게 어때요?", "톱질이 훨씬 빨라질 겁니다"라고 권하니, "톱질하기도 바쁜데 톱날 갈 시간이 어디 있단 말이오?" 그는 무슨 소리냐는 듯 말했다.[7]

운전하느라 바빠서 주유할 시간도 없었던 적이 있었는가?[10]

임종을 맞으면서 '사무실에서 업무처리에 더 시간을 보냈어야 했어' 하고 후회하는 사람이 몇이나 될까?[1]

많은 사람들은 한 분야에서의 성공이 다른 분야에서의 실패를 보상해준다고 생각하는 것 같다. 하지만 정말 그럴까? 진정 의미 있는 인생을 살려면 삶의 균형이 필요하다.[7]

핵심은 일정을 잡는 것이 우선순위가 아니라, 우선순위인 일들을 일정에 넣는 것이다.[7]

이성적인 마음의 소리를 할 때가 있고 내면적인 감정

의 소리에 귀 기울여야 할 때가 있다.[20]

톱날을 갈 시간도 없을 정도로 톱질을 하는 데 바빠서
는 안 된다.[3]

3

선택의 원칙

– CHOICE –

한번은 주도성에 대한 강연을 하고 있는데 청중 한 명이 벌떡 일어나 흥분된 목소리로 말하기 시작했다. 그녀는 행복에 겨워 보였다.

"선생님은 제가 방금 어떤 경험을 했는지 도무지 상상도 못 하실 거예요!" 그녀는 흥분하며 말했다. "전 지금 세상에서 가장 침울하고 감사할 줄 모르는 남자 환자의 간호를 전담하고 있어요. 제가 뭘 해줘도 그는 불만스러워하고, 전혀 감사를 표하지도 않아요. 심지어 거들떠보지도 않아요. 언제나 내게 짜증을 부리고 하는 일마다 트집을 잡죠. 이 환자는 내 인생도 정말 비참하게 만들어서 때때로 가족들에게 화풀이를 하게 되죠. 다른 간호사들도 마찬가지예요. 다들 그가 빨리 죽기를 기도할 지경입니다."

"그런데 그 어떤 것도 내가 동의하지 않으면 나에게 상처를 줄 수 없다니, 지금의 견딜 수 없는 감정 상태를 내가 선택한 거라니, 어떻게 감히 그런 말을 할 수 있는지…… 저는 그것을 도저히 납득할 수 없었습니다."

"하지만 그 이야기가 계속 떠오르더군요. 그래서 스스로에게 진지하게 묻기 시작했어요. '내가 정말 어떻게 반응할지 선택할 수 있는 걸까?' 내가 나를 고통스럽게 했다는 사실을 받아들이고 내 마음을 좌우할 수 있다는 걸 깨달은 순간, 나는 내가 고통스럽게 하지 않는 것을 선택할 수 있다는 사실도 깨달았어요. 그 순간 나는 벌떡 일어섰어요. 마치 감옥에서 풀려나는 것 같은 기분이 들었어요. 세상을 향해 이렇게 외치고 싶네요. '나는 자유롭다! 나는 감옥에서 풀려났어! 나는 더 이상 다른 사람의 행동에 의해 좌지우지되지 않을 거야!'"[7]

*

우리는 모두 변화의 문을 지키는 문지기들이다. 그 문은 안에서만 열 수 있다.[7]

*

모든 인간은 네 가지 자질을 갖고 있다. 자아의식, 양심, 독립의지 그리고 창조적 상상력이다. 이 요소들이 인간이 선택하고, 대응하고, 변화를 가능하게 하며 인간에게 궁극적인 자유를 준다.[1]

❧

행복 또한 불행과 같이 주도적으로 선택할 수 있다.[7]

❧

행복은 우리가 최종적으로 원하는 것을 위해서 지금 당장의 욕망을 얼마나 희생시킬 수 있는가에 달려 있다.[7]

❧

나는 환경의 산물이 아니라, 내가 한 선택의 결과이다.[21]

❧

사람들이 나를 아무렇게나 대할 때 그것을 그냥 받아들이지 않아야 그들이 나를 어떻게 대우해야 하는지 알게 된다.[21]

내 상황을 정말로 변화시키고 싶다면, 우선 내가 바꿀 수 있는 것이 한 가지 있다. 그것은 나 자신이다.[7]

∽

자극과 반응 사이에는 공간이 있다. 그 공간에는 반응을 선택할 자유와 능력이 있다. 이 선택을 어떻게 하느냐에 따라 우리의 성장과 행복이 결정된다.[8]

∽

독립의지는 행동력이다. 행동을 통해 자신의 패러다임을 초월하고, 물살을 거스르며 정해진 것 같던 인생의 각본을 다시 쓰고, 감정이나 상황이 아닌 원칙에 의해 행동할 수 있다.[1]

∽

우리가 상처받는 것은 우리에게 벌어지는 사건 자체 때문이 아니라, 사건에 우리가 반응하는 방식 때문이다.[7]

성냥을 켜라. 그 불로 건물을 태워버릴 수도 있고 어두운 곳에 빛을 밝힐 수도 있다. 선택은 당신의 몫이다.[21]

＊

큰 선박의 키에는 조그만 키가 하나 더 달려 있는데 그것은 트림 탭(trim-tab)이라 부른다. 트림 탭을 아주 조금만 움직이면 키가 천천히 움직여 거대한 선체의 방향을 바꾼다. 당신을 트림 탭이라고 생각해라. 작은 변화를 주다 보면 점점 조직에 반향을 일으키게 되고 조직문화 자체도 변화시킬 수 있다.[3]

＊

내가 구약성서에서 가장 좋아하는 이야기는 어린 나이에 형들이 이집트에 노예로 팔아버렸던 요셉의 이야기이다.

요셉이 보디발의 하인으로 살면서 자기연민에 빠지기가 얼마나 쉬웠겠는가? 그는 자기 형이나 노예상인들의 악함과 그가 빼앗긴 모든 것들에 대해서만 집착

할 수도 있었다. 하지만 요셉은 주도적인 사람이었다. 얼마 지나지 않아 그는 보디발 집안의 대소사를 맡아 관리하게 된다. 보디발의 요셉에 대한 신임은 절대적이라 보디발의 모든 재산마저 그의 책임 하에 놓인다. 요셉은 다시 고난을 겪게 되지만 그는 상황과 타협하는 것을 거부한다. 그 결과 13년간이나 부당하게 감옥 생활을 한다.

하지만 요셉은 그때도 주도적인 모습을 잃지 않았다. 그는 여전히 자신이 할 수 있는 영향력의 원에서 최선을 다했고, 이내 감옥을 관리했을 뿐 아니라 결국에는 이집트 전체를 다스리게 되었다. 그보다 높은 사람은 파라오밖에 없었다.[7]

♪

우리의 행동은 우리가 선택한 결정의 발현이지 상황에 따른 것이 아니다.[7]

♪

우리의 말은 우리 자신이 얼마나 주도적인 사람인지 잘 나타내준다. 반사적인 사람의 말은 자신에게 어떤 책임도 지우지 않는다. "내가 그래. 난 원래 그래. 나도 어쩔 수 없는 문제야."[7]

∽

우리의 궁극적인 자유는 다른 사람이나 다른 어떤 것이 우리에게 어떤 영향을 끼칠지 스스로 선택할 힘과 권한이 있다는 것이다.[21]

∽

과거의 경험은 종종 현재나 미래를 묶는 사슬 같은 역할을 한다. 첫인상이 지속되기도 하고, 습관은 종종 타성이 된다. '할 수 없을 거야'란 태도 또한 자성예언이 되어 실현되기도 한다.[4]

∽

반사적인 사람들은 종종 물리적인 환경에 영향을 받는다. 날씨가 좋으면 기분이 좋고, 그렇지 않으면 그들의 태도나 수행성과에 영향을 끼친다. 주도적인 사람들에게는 내면의 날씨가 있어서 비가 오든 맑은 날이든 영향을 받지 않는다.[7]

반사적인 사람들은 남들이 정해준 낡은 틀에 맞춰 살기 일쑤이다. 그들은 급한 불이나 겨우 *끄려* 우왕좌왕한다.[21]

인생에 차질이 발생하는 것은 불가피하지만 그로 인해 불행해지는 것은 당신의 선택이다.[8]

충동을 억누르고 가치에 따라 판단하는 능력은 능동적인 사람의 핵심적 요소이다.[7]

피해의식에 빠지기 시작하면 미래도 없다. 한번은 보험설계사들을 훈련시킨 적이 있는데, 죄다 회사의 형편없는 훈련 프로그램에 대해 불평하고 있었다. 그래서 난 말했다. "그렇다면 회사를 바꿔야지요."
그들은 물었다. "선생님, 그게 무슨 이야기인가요?"
"여러분은 회사 훈련 프로그램에 만족하지 못하고 있

지 않습니까. 그냥 화려한 쇼일 뿐이지, 필요한 실제 업무 사례에 대해서는 전혀 알려주지 않는다고요. 그럼 이런 상태를 왜 바꾸지 않나요?"

"그건 우리 역할이 아니니까요."

나는 답했다. "여러분, 여러분은 피해자가 아닙니다. 회사에서 가장 뛰어난 보험설계사들이죠. 최종결정권자들에게 여러분의 의견을 언제든 제시해도 됩니다. 그리고 상대의 반박을 넘어서서 설득할 수 있을 정도로 지혜롭게 의견을 제시할 수 있다면, 여러분이 변화를 일으킬 수 있습니다."[12]

*

당신의 생각, 믿음, 이상 그리고 철학으로 만드는 환경이 당신이 평생 살아갈 환경이다.[11]

*

현재 사회의 패러다임이 삶의 곳곳에 반영되는 현상을 보면 우리가 얼마나 조건과 상황에 의해 결정되는지 알 수 있다.[7]

∿

노력하다 보면 미래를 결정하게 되는 중요한 순간들을 맞이하기 마련이다. 그런 어려운 순간들에 강해질 필요가 있다.[4]

∿

인생에 변함없이 존재하는 세 가지 요소가 있다. 변화, 선택, 원칙이다.[21]

∿

"나는 내 과거 선택들의 산물이다"라고 마음 깊은 곳에서 우러나와 말할 수 있을 때까지 그 사람은 "나는 다르게 살기를 선택한다"고 말할 수 없다.[7]

∿

우리는 어떻게 행동할지 선택할 수 있지만 그 결과를 선택할 수는 없다. 기억해라. 막대기의 한쪽 끝을 집어 든다면 나머지 한쪽 끝도 같이 따라온다.[7]

당신은 당신의 습관이 아니다. 과거의 자기 패배적인 행동양식을 효과적인 새로운 패턴과 습관들로 얼마든지 바꿀 수 있다.[7]

〽️

한번은 한 학생이 내게 물었다. "죄송하지만 강의를 좀 빠져도 될까요? 테니스 팀 원정경기에 꼭 출전해야 되거든요."

나는 "가야만 하는 건가, 가길 선택하는 건가?"라고 물었다.

"정말 꼭 가야만 됩니다." 그는 절박하게 대답했다.

"만약 안 가면 어떻게 되지?"

"팀에서 쫓겨나겠죠."

"그런 결과를 원하나?"

"아니요, 원하지 않습니다."

"한마디로 자네는 팀에 남기 위해 시합에 가는 걸 택한다는 뜻이군. 그럼 내 수업을 빠지는 결과는 뭔가?"

"모르겠습니다."

"잘 생각해보게. 수업을 듣지 않으면 어떤 결과가 자

연스레 뒤따르나?"

"설마 절 수업에서 쫓아내시지는 않겠죠?"

"그건 사회적인 결과지. 또 인위적인 일이야. 자네가 테니스 팀에 참가하지 않는다면 시합을 할 수 없겠지. 그것은 자연적인 결과라네. 수업에 참가하지 않아서 생기는 자연적인 결과는 뭔가?"

"배우지 못하게 됩니다."

"맞아. 그러니 자네는 두 가지 결과 중 무엇이 더 중요한지 비교해서 하나를 선택해야 하는 거지. 만일 내가 자네라면 테니스 경기에 가는 것을 선택하겠네. 그러나 다음부터는 무엇을 반드시 해야만 한다는 식으로 말하지는 말게나."

"저는 테니스 시합에 가는 것을 선택하겠습니다." 그는 공손하게 대답했다.

"내 수업은 빠지고?" 나는 웃으면서 말했다.[7]

4

기여의 원칙

- CONTRIBUTION -

내 친척은 직장 생활 전체를 IBM에서 보냈다. 그는 이 다이내믹한 회사가 변신할 때마다 훌륭하게 적응하며 몇 년 간격마다 혁신되는 업계에서 도태되지 않기 위해 노력해왔다. 그는 자신의 일을 중시하며 능력도 탁월해서 고객들도 그를 무척 좋아한다. 더욱 중요한 것은, 그는 가정 생활도 화목하고 원만하게 유지한다는 점이다. 그는 남들 보기에 성공한 것처럼 보이게 하는 유명세나 세상의 인정에는 별 욕심을 내지 않지만 여전히 세상을 좋은 쪽으로 변화시키고 있다. 내가 보기에 그것이야말로 정말 좋은 커리어이다. 할 수 있는 최선을 다하고 동시에 고객, 동료, 가족의 신뢰와 지지를 얻는 것이다.

사람들은 야망에 대해 다양한 의견을 갖고 있다. 야망이란 좋은 것일까? 나쁜 것일까? 나는 야망의 대상이 무엇인지에 달려 있다고 본다. (……) 당신이 세상에 의미 있게 기여해 진정한 변화를 부르고자 한다면, 당신은 임무를 훌륭하게 완수하고 삶을 제대로 살았을 때 느낄 수 있는 깊은 만족감을 느끼게 될 것이다. 나는 그런 야망이 좋은 것이라 생각한다.[2]

&

좋든 나쁘든 정말 변화를 일으킨 사람들은 세 가지 공통점을 갖고 있는데, 비전, 절제 그리고 열정이다. 히틀러는 이런 특성을 모두 갖고 있었지만 핵심적인 한 가지가 결여돼 있었다. 바로 양심이다. 그리고 그 결과는 파멸이었다.[7]

&

다른 사람들을 판단하는 판사가 되지 말고, 희망을 비추는 등대가 되어라. 비판자가 되지 말고 모범자가 되어라.[7]

&

우리 모두의 마음속에는 위대한, 세상에 기여하는 삶

을 살고자 하는 소망이 있다. 정말 의미 있고 세상을 변화시키는 그런 존재가 되고자 하는 것이다. 그리고 우리는 평범한 삶을 떠나 가정이나, 직장, 사회에서 그런 위대한 삶을 선택할 수 있다.[8]

૪

효과적으로 행동하는 것은 더 이상 선택 사항이 아니다. 새로운 시대는 점점 더 탁월함을 요구하고 있다.[8]

૪

다른 사람들의 약점을 동정심을 갖고 바라보아야지 비난하려고 해서는 안 된다. 다른 사람이 뭘 해야 하든 뭘 하지 않고 있든 그건 중요한 게 아니다. 정말 중요한 질문은 그 상황에 당신이 어떻게 대응할 것인가이며 당신이 무엇을 해야 하는가 하는 문제이다.[7]

૪

인간은 본질적으로 게으르거나 무관심한 존재가 아니다. 오히려 인간의 타고난 기질은 끝없는 에너지와 열정을 발휘하게 한다. 사람은 자신에게 의미 있는 일

을 찾았을 때 이런 기질을 분명하게 드러내고 그런 사례는 일상 속에서 흔히 볼 수 있다.[4]

♫

대부분의 사람들은 긴급한 일에 시간을 쏟느라 막상 중요한 일에는 충분한 노력을 기울이지 못한다.[21]

♫

일차적인 위대함은 성품과 기여이다. 명성과 부유함 그리고 사회적 지위는 이차적인 위대함이다.[21]

♫

사람은 반드시 될 수 있는 최고의 위대한 사람이 되어야 한다.[4]

♫

좋음은 종종 최상을 막는 방해꾼이다.[7]

♫

인생의 열쇠는 기여지 축적이 아니다.[21]

우리가 인생에서 이룰 가장 의미 있는 일은 우리 가정의 네 벽 안에서 이루어진다.[21]

우리가 얽혀 사는 세상의 문화는 물질적이고 사회적인 가치와 목표들을 우선시하는데 이런 것들은 실제로 우리의 내면을 만족시켜줄 목표나 가치와는 곧잘 상반된다.[4]

세상에는 성취자가 있고 또 기여자가 있다. 많은 성취자들이 곧 기여자이기도 하지만 대부분은 그저 언젠가 기여를 하려고 준비하고 있을 뿐이다. 당신의 삶을 기여자의 삶으로 바라보라.[21]

5

용기의 원칙

- COURAGE -

나는 상사가 비생산적인 리더십 스타일을 갖고 있다고 생각해서 무척 낙담하던 한 사람을 알고 있다.

"왜 우리 상사는 아무런 노력을 하지 않을까요?" 그는 내게 물었다.

"내가 상사에게 그 점에 대해 얘기했고 그도 문제점을 알고 있는데 전혀 고치려고 하지 않습니다."

"그렇다면 그 사람을 더 효과적으로 설득해보면 어떨까요?" 하고 내가 물었다.

"난 했어요." 그는 대답했다.

"당신은 '효과적'이라는 말이 무슨 뜻이라고 생각하십니까? 세일즈맨이 판매를 잘하지 못하면 회사에서 누구를 훈련 과정으로 보냅니까? 고객을 보냅니까? 효과적이란 말은 일이 제대로 됨을 의미합니다. 당신이 원하던 변화를 만들어냈습니까? 그 과정에서 상사와의 인간관계를 구축했나요? 당신의 설득이 가져온 결과는 무엇입니까?"

"그는 아무 시정도 하지 않았다고 말했잖습니까? 그는 내 말을 듣지도 않았어요."

"그렇다면 효과적으로 설득해보세요. 상사와의 대화에서 공감을 얻으세요. 먼저 그의 사고방식으로 생각해보세요. 또 당신이 이야기하고자 하는 바를 간단하고 알기 쉽게 설명해보세요. 물론 사전에 상당한 연구와 준비가 필요합니다. 그렇게 할 수 있겠습니까?"

"왜 내가 그렇게 해야 하는 거죠?" 그가 물었다.

"당신은 상사의 리더십 스타일을 바꾸고는 싶은데 자기 자신의 설득하는 방식은 바꿀 의향이 없다는 말입니까?"

"글쎄, 별로요." 그가 대답했다.

"자, 그렇다면" 하고 나는 말했다. "그의 스타일에 적응하며 웃고 지내는 방법밖에 없군요."

"그렇게 살 수는 없습니다", "그건 내 인격을 손상하는 것입니다"라고 그는 말했다.

"좋아요, 그렇다면 효과적으로 설득하는 방법을 배워서 활용하세요. 그것이 바로 당신이 영향력을 끼칠 수 있는 부분입니다."

결국 그는 그렇게 하지 않았다. 그렇게까지 노력하는 것이 과하게 느껴졌던 모양이다.[7]

*

많은 사람들이 이분법적으로 사고한다. 그렇거나 아니거나 둘 중 하나만 가능하다는 관점이다. 그렇기 때문에 이런 사고방식에서는 부드러운 사람은 강할 수 없다. 하지만 승-승적 사고는 부드럽고도 강한 것이다.[7]

*

가장 위험한 것은 위험이라고는 모르는 인생이다.[8]

*

악화된 관계를 정말로 회복시킬 수 있는 방법은 한 가지뿐이다. 그 사람에게 직접 가서 화해를 청하고, 문제에 대해서 이야기하고, 사과하거나 용서하는 등 할 수 있는 것을 다 하는 것이다.[21]

통제할 수 없는 문제가 생겼을 때, 우리는 그래도 미소를 잃지 않고 문제를 있는 그대로 받아들이되, 평화적으로 대응해야 한다. 그 상황이 싫더라도 그 안에서 살아가는 법을 배워야 한다. 그래야만 우리는 문제가 우리를 통제하지 못하게 할 수 있다.[7]

6

효과성의 원칙

– EFFECTIVENESS –

자기가 기르는 거위의 둥지에서 반짝이는 황금알을 발견했던 어느 가난한 농부의 이야기를 기억하는가? 처음에 농부는 무슨 속임수인가 했다. 그런데 거위 알을 치우려다가 그는 갑자기 혹시나 하는 생각이 들어 자세히 살펴보려고 집 안으로 알을 가져갔다. 알은 순금이었다! 농부는 자신의 행운을 믿을 수가 없었다. 다음날 똑같은 일이 벌어지자 더욱 놀랐다.

매일같이 농부는 아침에 일어나자마자 둥지로 달려가 새로운 황금알을 찾아냈다. 그는 굉장한 부자가 되었다. 하지만 재산이 늘어나자 탐욕과 성급함 또한 늘었다.

농부는 거위가 매일 하나씩 낳는 황금알을 기다릴 수 없어서 거위를 죽여 황금알을 한꺼번에 얻고자 하였다. 그러나 그가 거위를 죽이고 배를 갈랐을 때 그 안은 텅 비어 있었다. 농부는 이제 황금알을 얻을 수 없게 된 것이다. 농부는 결국 황금알을 낳는 거위를 죽여 버린 셈이었다.

나는 이 우화가 효과성의 기본 정의라 할 수 있는 원칙, 즉 자연법칙을 담고 있다고 본다. 많은 사람들이 효과성을 황금알의 패러다임에 입각해 이해하고 있다. 더 많이 생산하고 더 많이 해낼수록 더 효과적인 사람이라고 보는 것이다. 하지만 당신이 황금알에만 집중해 황금알을 낳는 거위를 방관하는 방식의 삶을 살다 보면 황금알을 낳는 생산능력을 잃게 될 것이다. 한편, 황금알을 얻으려는 목표 없이 거위만 돌본다면 자신은 물론 거위를 먹일 수 없게 될 것이다. 효과성은 목적과 수단, 이 두 가지 요소의 균형에서 나온다.[7]

☙

성공하는 사람들은 7가지 습관을 실천한다. 컴퓨터에 비유하자면 이렇다. 습관 1은 "당신은 프로그래머다"라고 말하는 것이고, 습관 2는 당신에게 "프로그램을 짜라" 하고 말하고, 습관 3은 "프로그램을 실행해라" 혹은 "프로그램대로 살아라"라고 말한다. 습관 7은 끊임 없이 스스로를 발전시키는 패러다임으로 교육이

나 배움 그리고 다짐의 쇄신을 의미한다.[7]

♪

아무리 좋은 뜻을 담은 충고라고 해도 실제 문제를 파악하지 못한다면 쓸모없는 것이 되고 만다.[7]

♪

문제가 외부에 있을 거라고 생각한다면, 그 발상 자체가 문제이다.[7]

♪

효과적인 사람들은 문제 중심적으로 생각하지 않는다. 그들은 기회 중심적으로 생각한다. 그들은 기회에 투자하고 문제에는 최대한 에너지를 빼앗기지 않는다.[7]

♪

습관은 무엇을 할 것인지 아는 지식과, 어떻게 할 것인지 아는 기술과, 무엇을 하고 싶은지 아는 욕구가 만나는 교차점이다.[7]

상호의존적인 현실에서 사람들이 문제를 해결하거나 결정을 내리려고 할 때 부정적인 에너지가 얼마나 확장되는가? 얼마나 많은 시간을 다른 사람들의 부족함을 고발하고, 정치공작을 하고, 경쟁을 벌이고, 또 인간관계의 갈등을 겪느라 쓰는가? 또 그 와중에 자기도 혹시 등 뒤에서 칼을 맞지나 않을까 전전긍긍하고, 배후를 조종하려 하고, 지레짐작을 하느라 쓰는 시간은 어떤가? 마치 한 발은 엑셀에 올려놓고 다른 한 발은 브레이크 위에 놓고서 내리막길을 운전하는 꼴이다.[7]

ɔ⁄ʅ

인생에는 성장하고 발전하는 단계가 있다. 우리는 물리적인 차원의 성장에 대해서는 잘 알고 또 납득하고 있지만, 인간관계나 영적인 것 등 감정적인 영역의 성장은 알기 어렵고 잘 이해하고 있는 경우도 훨씬 드물다.[4]

상호의존적인 현실에 독립적인 사고만으로는 부족하다. 독립적이지만 상호의존적으로 사고하고 생각할 수 없는 사람들은 개인적으로는 훌륭한 성과를 낼 수 있을지 모르지만 좋은 리더나 팀 플레이어는 될 수 없을 것이다. 그들은 결혼이나 가정, 조직 생활에서 성공하기 위해 필요한 상호의존적 패러다임을 가지고 있지 않기 때문이다.[7]

아주 바쁘게 움직이면서도 그다지 효과적으로 성과를 내지 못할 수도 있다.[7]

살며, 사랑하며, 웃으며, 그리고 유산을 남겨라.[6]

사람들은 그 어느 때보다 열심히 일하고 있지만 분명한 비전이 없고 스스로를 잘 이해하지 못해 특별한 성과를 내지 못한다. 그들은 온 힘으로 밧줄을 밀어내는

것이나 마찬가지이다.[8]

⁂

사람들은 뭔가를 잘해낼 때 스스로를 더 긍정적으로 바라보게 된다.[8]

⁂

어떤 사람들은 강인하지만 다른 사람들과 잘 소통하지 못하고 그 결과 인간관계의 질이 낮아진다.[3]

⁂

핵심은, 핵심적인 일을 계속 핵심에 두는 것이다.[1]

⁂

고질적인 문제는 간단하고 빠르게 해결할 수 없다. 이런 문제들을 해결하는 방법은 자연의 순리를 따르는 것이다. 가을에 추수를 할 수 있는 유일한 방법은 봄에 씨앗을 심고 긴 여름 내내 물을 주고, 잡초를 뽑고, 거름을 주는 것뿐이다.[3]

스스로를 교육시키고 사고의 지평을 넓히는 데에는 꾸준히 양질의 독서를 하는 것만큼 좋은 방법은 없다.[7]

생산(황금알)과 생산능력(거위) 사이에 균형을 맞추는 것은 꽤 어려운 문제이다. 하지만 그것을 제대로 해내는 것이야말로 효과성의 핵심이라고 할 수 있다.[7]

우리는 무엇이든 지름길로 가고 단축시키려는 사회에 살고 있다. 하지만 학생들이 시험 전에 벼락치기를 하듯 가을에 '벼락치기'로 추수를 하려는 농부를 상상할 수 있는가? 1마일 레이스 주자가 속력과 인내심을 '흉내'내거나 콘서트 피아니스트가 기교 있고 능란한 '체'할 수 있는가?[4]

아이가 좋은 성품과 내적인 안정성 그리고 특유의 재

능을 기를 수 있게 하는 데 있어서 그 어떤 기관도 좋은 가정을 당해낼 수 없다.[21]

♪♪

당신은 변환자가 될 수 있다. 과거를 넘어서 더 나은 미래로 나아가게 하는 그런 변화를 부르는 사람 말이다. 여러 세대 동안 당신의 집안에 이어져온 부정적인 경향은 당신에게서부터 마침표를 찍을 수 있다. 그리고 당신의 변화가 미래에 수많은 삶들을 변화시킬 수 있다.[7]

7

공감의 원칙

- EMPATHY -

눈에 시력 문제가 있어서 안과에 갔다고 치자. 의사는 잠시 당신이 어떤 문제를 겪고 있는지 듣더니, 자기 안경을 벗어서 당신에게 건네주었다.

"이걸 한번 껴보세요", "나는 이 안경을 십 년 동안 꼈는데 정말 큰 도움이 됐거든요. 난 집에 여분이 하나 있으니 당신이 이걸 써도 됩니다"라고 말했다.

그래서 당신은 그 말대로 한번 안경을 착용해 보았다. 그랬더니 더 안 보였다.

"나빠졌어요!", "아무것도 안 보여요!"라고 불평하니, "뭐가 문제죠?", "나한테는 정말 잘 맞는데. 좀 더 노력해보지 그래요"라고 요청했다.

"노력하고 있다고요", "모든 게 다 흐릿해요"라고 대답한다.

"거참, 당신은 왜 그런 식이죠? 좀 더 긍정적으로 생각하세요."

"좋아요. 아주 확실하게 아무것도 안 보여요."

"거참, 감사할 줄도 모르는군요" 하고 그는 당신을 꾸짖는다. "내가 당신을 도와주려고 이렇게 애쓰고 있는데!"

다음에 문제가 생겼을 때 이 안과로 다시 갈 확률이 얼마나 되겠는가? 짐작컨대 아주 낮을 것이다. 진단도 하기 전에 처방부터 내리는 의사를 신뢰하기는 어렵다.

하지만 우리가 다른 사람과 소통할 때, 과연 언제나 처방하기 전에 진단하는가?[7]

♪♪

사람들이 나를 어떻게 생각할지에 대한 관심을 조금 내려놓으면, 다른 사람들이 자기 자신을 어떻게 생각하는지에 대해 더 관심을 갖게 된다.[7]

♪♪

살면서 한번쯤은 나 자신도 나를 믿지 못하는데 다른 사람은 나를 믿어주는 경험을 해보았을 것이다.[7]

다른 사람들의 영향을 받아들이는 것이 다른 사람들
에게 영향을 끼치는 첫걸음이다.[7]

자신의 자서전적인 과거 경험에 현혹되어서는 안 된
다.[21]

공감적 경청은 이해하기 위하여 듣는 것이다. 즉, 진
정으로 상대방을 이해하려는 마음으로 듣는 것이다.
공감적 경청을 하다 보면 타인의 사고의 틀 안으로 들
어갈 수 있다. 그 틀을 통해 상대의 시각으로 세상을
보고, 그들의 패러다임을 이해하고, 그들의 마음을 이
해할 수 있다.[7]

공감은 당신의 사고의 폭을 넓혀준다. 당신의 배우자
나 동료, 혹은 친구가 당신에게 마음을 열고 속내를
드러내 보일 때 그는 자신의 시각을 당신에게 심어준

다. 그의 생각은 이제 당신의 것이기도 하다.[5]

৵৹

공감은 동감이 아니다. 동감은 동의의 한 형태라 할
수 있다. 하지만 공감은 누군가에게 동의하는 것이 아
니다. 공감이란 한 사람을 이성적으로나 감정적으로
나 온전하게 이해하는 것이다.[7]

৵৹

두려움은 가슴 속의 매듭과 같은 것이다. 그러한 매듭
을 풀려면 진실하고 솔직하며 서로를 긍정하는 그런
관계가 필요하다. 지적인 이해와는 전혀 무관하다.[4]

৵৹

나는 정기적으로 내 아이들을 인터뷰했다. 이른바 이
'인터뷰'의 기본 원칙은 나는 아이들의 이야기를 주로
들으면서 이해하려고 노력한다는 것이다. 그 시간은
도덕심을 심어주기 위한 것도, 설교를 하기 위한 것
도, 가르치거나 기강을 잡기 위한 것도 아니었다. 그
런 일에 알맞은 때는 따로 있었다. 이 시간은 단지 들고 이해하고 공감하기 위한 시간이었다. 가끔 나는 정말 끼어들어 조언하거나, 가르치거나, 판단을 내리거나 동감하고 싶었다. 하지만 나는 이 특별한 시간들에는 오로지 이해하려고 노력하겠다고 마음속으로 다짐했다.[4]

🎵

만약 당신이 있는 방의 공기가 모두 빨려나가 버린다면 당신은 어떻게 되겠는가? 아마 공기를 들이마셔야겠다는 생각밖에 안 들 것이다. 생존이 당신의 유일한 동기가 될 것이다. 하지만 지금 당신 곁에는 공기가 있기에 그다지 동기부여가 되지는 않는다. 이것이 바로 인간 동기유발의 핵심적 원리이다. 욕구가 충족되면 동기가 부여되지 않는다. 욕구가 충족되지 못했을 때만 동기가 부여되는 법이다. 신체적으로 생존하는 것 외에 인간의 가장 큰 욕구는 정신적으로 생존하는 것, 즉 이해받고, 긍정되고, 인정받는 것이다. 당신이 누군가에게 공감적으로 경청할 때, 그 사람은 숨 쉴 심리적 공기를 갖게 된다.[7]

내가 대인관계 분야에서 배운 가장 중요한 원칙을 한 문장으로 요약해야 한다면 다음과 같다. "먼저 이해하고, 다음에 이해시켜라."[7]

당신이 협상대상인 사람과의 관계를 중시한다면 그 사람의 말을 능동적이고도 수용적이고 또 공감하는 자세로 듣지, 반격할 기회만 노리며 듣는 척만 하지 않을 것이다. 그럴 때 당신이 진심으로 공감하는 이유는 단지 그것이 이해에 도움이 되기 때문만이 아니라, 그것이 당신의 원래 성품이기 때문이다.[5]

대부분의 논쟁은 실제로 의견이 맞지 않아서가 아니라 자존심 싸움이나 오해로 인한 것이다.[4]

어느 날 강의를 마치고 나자 동료 교수가 다가와 아들과 사이가 좋지 않다고 털어놓았다. 그는 이렇게 말했다. "나는 사실 내 아들을 이해하네. 지금까지 살아온 만큼, 내 아들이 무슨 문제들을 겪고 있는지 정확히 알고 있지. 내 조언을 듣지 않으면 그 아이가 미래에 어떤 위험이나 함정을 맞닥뜨리게 될지 뻔히 보여."

그래서 나는 그에게 이야기했다. "내 제안은 이러하네. 한번 아들을 전혀 이해하지 못한다고 가정하고 처음부터 아들의 이야기를 들어보는 거야? 도덕적인 판단을 내리려고도 하지 말고 말이야."

"글쎄, 그럴 것 같지는 않지만" 그는 말했다. "한번 해보지."

그날 저녁 여덟 시에 동료의 아들은 외쳤다. "아버지, 아버지는 절 전혀 이해하지 못하는 것 같아요." 동료는 사실 그때 이걸 굳이 해야 하나 싶었다고 나중에 털어놓았다. 하지만 그는 한번 경청해보기로 스스로에게 다짐한 바 있었다. "알겠다, 아들아", "내가 널 이해하지 못한다고 치고, 이제 네 마음은 뭔지 이야기해주겠니"라고 말했다. 이야기는 세 시간 반 동안 계속됐다.

이후에 그는 자신이 아들에 대해 아무것도 몰랐으며, 아들이 자신을 표현하거나 본연의 모습대로 살도록 허락하지 않았다는 사실을 그때까지 전혀 깨닫지 못했다며 고맙다고 했다. "우리는 서로를 이해하게 됐어. 이제 우린 다시 친구가 되었다네."[4]

♂♀

대부분의 사람들은 이해하기 위해 듣지 않고, 대답하기 위해 듣는다. 그들은 정말로 귀 기울이고 있는 것이 아니라 말을 하고 있거나 아니면 말을 하려고 준비하고 있다. 그들은 모든 것을 자신의 패러다임으로 걸러 들으며 남들의 인생에도 오로지 자신의 삶을 투영할 뿐이다.[7]

♂♀

한 사람의 사명이 다른 사람에게는 사소한 일일 수 있다. 당신이 핵심적인 프로젝트에 몰두하고 있을 때 당신의 여섯 살짜리 아이가 들고 온 일은 사소해 보일 수 있지만 아이에게는 중요한 사건일 수도 있다.[7]

♂♀

우리들의 대화는 마치 여럿의 독백 같은 꼴이 되었다.

우리는 다른 사람이 무슨 생각을 하는지 진정으로 이해하는 경우가 거의 없다.[7]

JP

사람은 누구나 속내는 무척 민감하고 여리다. 나이가 들어도 마찬가지이다. 가장 거칠고 냉정한 겉모습을 가진 사람들조차 그 안에는 상처받기 쉬운 마음과 섬세한 감정을 품고 있다.[7]

JP

사람의 행동은 생각보다 감정에 더 좌우된다. 다른 사람과 감정이 좋지 못하면 합리적으로 사고하는 것은 불가능에 가깝다.[4]

JP

사람들은 점차 그들이 받는 대우나 기대에 걸맞은 모습을 보여주는 경향이 있다.[21]

JP

반항은 이성의 문제가 아니라 감정의 문제이다.[7]

꾸

먼저 이해하고 다음에 이해시켜라.[7]

꾸

성서의 황금률은 "남에게 대접을 받고자 하는 대로
너희도 남을 대접하라"이다. 표면상으로 보면 당신이
원하는 것을 상대방에게 해주라는 의미로 해석된다.
그러나 내가 생각하는 좀 더 본질적인 의미는 상대방
을 한 사람의 인격체로 깊이 이해해주고 자신이 이해
받고 싶은 것과 똑같은 방법으로 이해해주며 그러한
깊은 이해에 입각해서 상대방을 대하라는 것이다.[7]

꾸

타인을 더 깊게 이해할수록 그들의 존재에 감사하게
되고 더 공손한 태도로 대하게 된다. 다른 사람의 영
혼에 접촉한다는 것은 성지를 밟는 것과 같다.[7]

꾸

고통을 겪고 있는 타인을 정말 이해하고자 하는 마음
으로 경청할 때, 그들은 놀랍도록 빠르게 마음을 연

다. 마치 양파를 까는 것처럼 그들이 한 겹씩 속을 드러내다 보면 어느새 섬세한 속마음에 닿게 된다.[7]

⟋⟋

감정적인 분위기에서 가르치려는 시도는 상대방에게 도덕적으로 판단당했거나 거절당한 것으로 받아들여질 가능성이 높다.[7]

⟋⟋

우리가 다른 사람들과의 관계에서 문제가 있을 때 우리는 그 고통을 무척 민감하게 의식하며 사라지게 하고 싶어 한다. 그럴 때 우리는 그 증상들을 응급처치로 해결하려고 한다. 밴드를 붙이는 것처럼 간이로 대응하는 것이다. 그런 조치는 그 강렬한 고통이 더 깊고 고질적인 문제로 발생한 것임을 이해하지 못하기 때문이다.[7]

⟋⟋

거래를 포기하는 것을 하나의 선택지로 생각한다면 당신은 솔직하게 자신의 뜻을 밝힐 수 있다. "나는 오로지 승-승의 결과를 목표로 하고 있습니다. 저도 이기고 싶고, 당신도 이기게 하고 싶습니다. 내 방식만 고집해 당신을 불쾌하게 만들고 싶진 않습니다. 결국 당신의 상처받은 마음도 드러나고 말 테니까요. 한편 당신 방식대로 하느라 나만 참고 싶지도 않습니다. 그러니 한번 승-승을 목표로 같이 일해 봅시다. 그리고 끝까지 그런 방법을 찾을 수 없다면, 그냥 거래를 포기하는 것이 좋을 것 같습니다. 서로가 만족할 수 있는 결정이 아니라면 거래하지 않는 것이 나을 겁니다. 그리고 다시 같이 일할 수 있는 기회를 찾아봅시다."[7]

<p>
말이란 높은 곳에서 떨어뜨린 계란과도 같다. 바닥이 엉망이 되는 것을 피할 수 없는 그 말을 회수할 수도 없다.[21]

<p>
대인관계에서 효율성을 추구할 수는 없다. 사람들과 관계에서 추구할 수 있는 것은 효과성이고, 사람이 관

계되지 않는 문제에서만 효율성을 추구할 수 있는 것
이다.[7]

한 아버지가 내게 말했다. "난 내 아들을 이해할 수가
없습니다. 내 말을 전혀 듣질 않아요."

"방금 당신의 이야기를 제가 다시 말해 보지요", "아
들이 당신의 말을 듣질 않아서 아들을 이해할 수 없다
는 건가요?"라고 물었다.

"바로 그겁니다." 그는 대답했다.

"다시 말해보겠습니다", "그러니까 아들이 당신의 말
을 듣질 않아 아들을 이해할 수 없다는 말이지요?"라
고 다시 물었다.

"그렇다니까요." 그는 짜증난 목소리로 대답했다.

"전 다른 사람을 이해하려면 그 사람의 말을 먼저 들
어야 한다고 생각하는데요?"라고 제안해보았다.

"아!" 그는 외쳤다. 그리고 긴 침묵이 뒤따랐다. 이윽
고 깨달음이 오면서 그는 다시 "아!" 하고 외쳤다.[7]

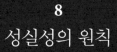

8

성실성의 원칙

- INTEGRITY -

언젠가 나는 캐나다 어느 호텔 앞에서 택시를 탔다. 호텔 직원이 기사에게 "닥터(Dr.) 코비를 공항까지 잘 모셔다주세요" 하고 부탁했다. 기사는 내가 의사라고 지레짐작하고 건강 문제를 이것저것 털어놓기 시작했다. 내가 그런 문제를 해결해주는 의사가 아니라는 걸 설명하려고 애썼지만 그는 영어에 능숙하지 못해 내 말을 이해하지 못했다. 그래서 그냥 그의 이야기를 들었다.

그는 온갖 통증이며 저림 그리고 이중으로 보이는 복시에 대해 털어놓았다. 그의 말을 들으면 들을수록 문제의 근원은 양심의 가책에 있다는 생각이 들었다. 그는 요금에 대한 각종 제도에 대해서 불평했다. "난 규칙대로 하지 않을 겁니다… 요금을 더 받는 방법이 뭔지 잘 안다고요." 그러더니 갑자기 얼굴이 어두워졌다. "하지만 경찰이 알게 된다면, 문제가 생기고 내 면허증도 잃겠죠. 선생님, 어떻게 해야 할까요?"

나는 그에게 말했다. "그렇게 긴장되고 압박을 느끼는 이유가 양심대로 행동하지 않아서라고 생각하진 않습니까? 마음속으로는 어떻게 해야 하는지 알고 계실 겁니다."

"하지만 그래서는 먹고살 수 없는걸요!"

나는 그에게 양심대로 사는 것이 가져오는 마음의 평화와 지혜에 대해 이야기했다. "반칙하지 말고, 거짓말하지 말고, 훔치지도 말아야 합니다. 사람들을 존중하는 행동을 해야 마음이 편합니다."

"정말 그게 도움이 될까요?"

"분명히 그럴 겁니다."

기사는 나를 내려주면서 내가 팁을 주려하자 받지 않았다. 그는 단지 나를 껴안고 말했다.

"꼭 그렇게 할 겁니다. 벌써 마음이 편해지네요."[2]

&

'내면으로부터 외부로(inside-out)' 향하는 변화의 패러다임은 모든 변화는 자신에게서부터 시작한다는 이야기이다. 더 깊게 해석하자면 변하고 싶다면 자신의 내부, 즉 자신의 패러다임, 성품, 동기에서부터 시작해야 한다는 뜻이다. 어떤 문제가 밖에 있다고 생각한다면, 그 생각 자체가 문제이다. 그런 생각은 외부에서 자신을 통제할 힘을 찾게 된다. 이런 패러다임은 '외부에서 내면으로' 향하는, 밖에 있는 것이 먼저 변해야 자신도 변한다는 생각이다.[7]

가면을 쓰고 사는 것은 복잡하고 괴로운 일이다.[4]

교회를 다닌다고 해서 그 가르침대로 산다는 뜻은 아니다. 교회 생활은 열심히 하면서도 복음에는 게으를 수 있다.[7]

교회를 간다고 신앙심이 깊은 것은 아니다. 어떤 사람들은 예배와 교회 일에 매몰된 나머지 주변 사람들의 갑급한 문제에는 둔감하기 일쑤이다. 자신들이 믿는다고 고백하는 그 말씀과 반대로 행동하는 셈이다.[7]

성실성의 원칙

다른 사람들의 약점을 덮어주려고 하지 마라. 자신의 약점에 대해서도 변명하지 마라. 실수를 했으면 즉시 인정하고, 고치고, 실수에서 배워야 한다.[7]

☙

사람은 태어나는 순간부터 어떤 사회에 소속된다. 모든 사회는 그 사회의 일원을 평가하거나 판단한다. 그런 평가들이 쌓여 한 사람이 분류되고 정의된다.[4]

☙

좌절은 기대의 소산이다. 그리고 우리의 기대는 종종 자신의 가치나 우선순위보다 사회적인 기준을 반영한다.[7]

☙

정직은 사실대로 말하는 것으로, 우리가 하는 말을 사실과 일치시키는 것이다. 성실성은 우리가 한 말을 사실로 만드는 것이다. 즉, 약속을 지키고 기대만큼의 결과를 내는 것이다. 이렇게 하려면 기본적으로 자아

와 삶이 모순 없이 하나가 된 성품이 필요하다.[7]

꺄

겸손이 모든 미덕 중 가장 중요하다. 겸손에서 다른
미덕들이 나오기 때문이다.[21]

꺄

모든 사람의 모든 기대를 만족시키려 하다 보면 그 어
느 것도 만족시키지 못하게 된다. 특히 자기 자신에게
그렇다.[3]

꺄

자아의식을 발달시키다 보면 대부분의 사람들은 자
신이 얼마나 가치 없는 습관, 즉 비효과적인 각본들에
따라 살고 있으며 또 인생에서 진정으로 가치 있는 것
과는 얼마나 무관하게 살고 있는지 알게 된다.[7]

꺄

결국 우리의 성품이 어떤 한마디의 말이나 행동보다
훨씬 많은 것을 전달한다.[7]

충실(loyalty), 즉 충성이 성실성(integrity)보다 높은 가치를 가져서는 안 된다. 사실 진정한 성실성은 곧 충실함이기도 하다. 의사가 설령 듣고 싶지 않은 것이라 해도 당신에게 진실을 말해주기 바라지 않는가.[8]

ᛘᛚ

자신과 작은 약속을 하고 그것을 지켜라. 그리고 조금 더 큰 약속을 하고, 또 그보다 더 큰 약속을 하고 꼭 지켜라. 결국 그 약속을 지켰을 때 생기는 자긍심(sense of honor)이 그날 당신의 기분보다 더 큰 만족을 가져다 줄 것이다. 그때 당신은 진정한 힘의 원천, 즉 도덕적 권위를 발견하게 될 것이다.[8]

ᛘᛚ

이차적인 위대함을 가진 사람들, 즉 사회적으로 재능을 인정받은 사람 중에서 일차적인 위대함, 혹은 따뜻한 내적 성품이 결여된 사람이 많다. 그들이 맺는 모든 장기적인 관계에서 지금 당장이 아니면 나중에라도 그런 부족함이 드러나는 모습을 볼 수 있다. 동업

자든, 배우자든, 친구든 혹은 정체성의 혼란을 겪는
자녀든 말이다. 결국 내적 성품이 가장 자기를 잘 전
달한다.[7]

♪♪

많은 사람들이 두려움과 초조함에 휩싸여 가면을 쓰
고 과시적으로 살아가는 것은 당연할지도 모른다. 그
들의 인생은 변함없는 내면적인 가치에 닻을 내리지
못하고 외부의 변화에 이리저리 휩쓸리기 때문이다.[4]

♪♪

성실성을 드러내는 가장 중요한 방법 중 하나는 자리
에 없는 사람들에게도 의리를 지키는 것이다. 그렇게
해서 그 자리에 있는 사람들의 신뢰를 살 수 있다. 자
리에 없는 사람들을 변호하면 자리에 있는 사람들의
신뢰를 지켜나갈 수 있다.[7]

♪♪

우리의 성품은 자기 습관들의 집합이라고 할 수 있다.
습관은 지속적이며 무의식적인 것이어서 우리는 매

순간 습관을 통해 자신의 성품을 표현한다.

사람들 내면에 불변하는 인생의 지침이 없다면 오히려 변화를 감당할 수 없다. 변할 수 있는 능력의 핵심은 자신이 누구인지, 무엇을 대변하고 무엇을 중시하는지에 대한 변하지 않는 확신이다.[7]

ᴊᴩ

원칙이 강한 사람들은 모 아니면 도라고 하는 극단론자와는 다르다. 그들은 모든 것을 선악이나 양자택일의 문제로 가르지 않는다. 원칙주의자들은 지속성, 우선순위, 위계질서를 중요하게 생각하는 사람이다.[3]

ᴊᴩ

다른 사람들의 의견을 중요하게 생각할수록 다른 사람들의 진심에 덜 귀 기울이게 된다. 타인의 의견에 너무 취약해져 버리기 때문이다.[3]

ᴊᴩ

국민으로서, 가족의 일원으로서, 개인으로서 직면하는 많은 문제들의 근원은 영혼에 있다. 나뭇잎처럼 문

제의 현상은 사회적이고, 경제적이고, 정치적이기도
하다. 하지만 문제의 뿌리는 양심과 영혼에 있으며,
개개인이나 가족 안에 내려져 있다.[4]

※

만족하지 못하는 사람은 그저 뒷짐 지고 다른 사람들
이 사는 모습을 구경하려고 한다. 상상 속에서 이 역
할, 저 역할을 하는 데 몰두하다 보면 그는 정작 자신
의 역할을 어떻게 해내야 하는지는 잊어버리고 남들
이 바라는 자신의 모습만 생각하게 된다.[4]

※

미덕은 그에 어긋나게 행동할 때마다 조금씩 소실되
기 마련이다.[4]

※

개인의 승리를 얻지 못하면 가치 있는 성취를 만들어
주는 대인관계의 승리도 거둘 수 없다.[4]

다른 사람의 지갑을 훔쳐 그 사람의 신분을 도용하는 범죄는 많이 알려져 있다. 하지만 더 심각한 것은 정체성의 상실이다. 다른 사람들이 기대하는 모습에 맞추느라 내가 누구인지 잊는 것이다.[5]

♫

셔츠나 스웨터, 신발, 드레스 등 소지품의 브랜드, 소속된 클럽, 또 명성 높고 영향력 있는 지위, 차, 멋진 집, 혹은 다른 신분의 상징들, 아니면 보기 좋은 외모, 세련된 옷차림, 재치 있는 말솜씨, 학위나 자격증… 이런 것들을 통해 권위나 존중을 얻으려는 사람은 정작 속내가 공허하고 결핍돼 있어 보충하려는 사람들이다. 그런 사람들은 상징들이나 겉모습, 외적 가치에 의존할 정도로 마음이 나약해져 버린다.[4]

♫

지혜는 원칙을 지키는 성실성의 산물이다. 그리고 성실성은 겸손과 용기의 산물이다. 사실 겸손은 모든 미덕의 어머니라고도 할 수 있다. 겸손은 우주와 자연을 지배하는 법칙의 존재를 인지하는 것이기 때문이다. 그와 반대로 오만함은 사람이 모든 것을 지배한다고 생각하게 한다. 겸손하다면 원칙을 이해하고, 그에 따라 행동하게 된다. 우리 행동의 결과도 원칙에 따른 것이기 때문이다. 겸손이 지혜의 어머니라면 용기는 지혜의 아버지이다. 사회적 규범과 가치, 다수가 추구하는 것과 어긋날 때도 원칙을 지키는 것은 엄청난 용기를 필요로 하기 때문이다.[8]

꽃

당신의 행동으로 인해 생긴 문제를 몇 마디 말로 해결할 수는 없는 법이다.[7]

꽃

자신에게 무엇이 우선순위인지 정한 뒤, 용기를 갖고 그 외의 것들은 웃으며, 즐겁게 그리고 당당하게 거절할 수 있어야 한다. 우선순위를 지키고자 하는 강력한 의지가 있으면 그렇게 하는 것이 가능하다.[7]

모든 문제는 우선 자신의 마음속에서부터 시작된다.[4]

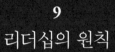

9

리더십의 원칙

- LEADERSHIP -

어느 대기업의 최고경영자들을 방문한 적이 있었다. 기업 정신을 담은 회사 사명서를 보여 달라고 했는데, "주주들의 이익을 최대화하자" 정도의 형식적인 내용이었다.

경영자들에게 물어보았다. "여기서 일하는 모든 사람들이 저 글을 보고 동기부여가 되나요?"

그들은 웃으며 답했다. "벽에 붙이는 표어는 따로 있습니다. 그 문구가 실제로 우리 임원들이 추구하는 거죠."

그래서 나는 말했다. "그렇다면 이곳의 기업문화는 이런 식이겠군요. 서로 분열되어 있어서 이곳에 노동조합이 있다면 분쟁이 자주 일어나겠죠. 또 직원들이 일을 제대로 하게 하려고 가까이서 감시하면서 당근과 채찍으로 그들을 다루겠군요. 대인관계 분쟁, 부서 간 경쟁, 숨겨진 다른 의도들이나 사내 정치로 에너지가 엄청나게 소모될 것으로 보입니다."

그들은 내가 점쟁이처럼 상황을 척척 알아맞히는 것에 깜짝 놀라 물었다. "어떻게 이렇게 많이 알아내셨습니까? 어떻게 우리 기업을 그렇게 정확하게 묘사할 수가 있죠?"

나는 말했다. "사실 여러분이나 이 기업에 대해 그리 많이 알 필요는 없습니다. 단지 인간 본성이 무엇인지 알면 됩니다."[8]

❧

가장 중요한 고객을 직원들이 어떻게 대하길 바라는 가? 바로 그대로 직원들을 대해야 한다.[7]

❧

리더는 타고나는 것인가? 만들어지는 것인가? 이 질문은 잘못된 이분법을 전제로 하고 있다. 리더는 만들어지는 것도, 타고나는 것도 아니다. 리더는 리더가 되기를 선택한 사람이다.[8]

❧

도덕적 권위를 조직문화로 만드는 것은 종교단체나

공익기관보다 기업에서 하는 것이 훨씬 더 오래 걸린다.[8]

***

효과적인 리더십이란 우선순위를 아는 것이다. 또 효과적인 관리란 우선순위가 높은 것을 지속적으로 실천하는 것이다.[7]

***

리더십이란 CEO가 되는 것이 아니다. CEO라고 남들보다 리더가 될 가능성이 높은 것도 아니다. 리더란 자기 자신의 삶을 리드하고, 친구와 가족 사이에서 리더가 되는 것을 의미하기 때문이다.[5]

***

좋은 사람을 나쁜 시스템에 두면 좋은 결과를 얻을 수 없다. 좋은 꽃을 기르고 싶다면 좋은 물을 주어야 한다.[7]

산업(Industrial Age) 시대에 리더십은 지위였다. 지식
시대(Knowledge Age)에 리더십은 선택이다.[13]

업무 중심의 리더는 업무를 하는 데 급급해 그 과정에
서 생기는 사람들의 감정이며 인간관계들을 무시해
버리기 쉽다.

리더들은 새로운 리더십 이론이 나올 때마다 그것에
휩쓸리게 된다. 더 민주적이어야 하는가 아니면 독단
적이어야 하는가? 더 단호해야 할까 아니면 더 허용
적이어야 할까? 더 많이 이야기해야 할까 아니면 질
문을 많이 하는 것이 더 중요할까? 사람들을 통해 일
하는 최고의 방법은 무엇일까? 이런 의문점들은 물론
중요하고 고려해볼 만하다. 하지만 그것들은 이차적
인 질문들이다. 근본적인 질문은 당신이 '다른 사람들
에 대해 실제로 얼마나 마음을 쓰고 있는가'이다.[4]

단지 그래야 한다고 들었기 때문에 다른 사람들에게

관심을 갖는 리더는 뭔가 오해하고 있으며 목표한 바를 이루지 못할 것이다. 타인에 대한 관심과 배려는 그 자체가 목적이다. 결국 그들이 진심이 아니라는 것은 드러나기 때문에 그들은 실패할 수밖에 없다.[*]

✍

리더십은 자극과 반응 사이에 놓여 있는 선택이다.[8]

✍

리더십은 최고의 예술이다. 왜냐하면 리더십으로 인해 다른 모든 일이나 작업들이 움직일 수 있기 때문이다.[8]

✍

경영은 시스템 내에서 이루어지는 것이며, 리더십은 시스템에 작용하는 것이다.[1]

✍

사람들은 의미를 갖고, 진심으로 원해서 참여할 때에야 자기가 할 수 있는 최선을 다한다.[4]

ᎧᎮ

혼란스러운 이 세상에서 (……) 우리는 효율성을 효과
성으로, 긴급한 것을 소중한 것으로, 모방을 혁신으로,
겉치레를 좋은 성품으로, 속임수를 유능함으로 착각
한다.[3]

ᎧᎮ

어떤 리더들은 '버섯 재배'식 경영을 한다. 사람들을
어두운 곳에 몰아넣고, 거름을 잔뜩 준 다음, 잘 성숙
되면 윗부분만 잘라내 통조림으로 만든다.[3]

ᎧᎮ

오늘날 리더십의 문제는 관리자들이 여전히 산업 시
대식 통제를 지식 근로자들에게 적용하고 있다는 것
이다. 그런 방식으로는 그들에게 동기부여도 할 수 없
고, 그들의 재능이나 천재성 또한 활용할 수 없다.[8]

ᎧᎮ

회계방식에 대한 사고는 정말 이상하다. 사람을 비용
으로 계산하고 물건을 투자로 계산하는데, 실제로는

그 반대 아닌가.[14]

♪♪

리더십은 사람들에게 자신의 가치와 가능성을 명백하게 알려주어 그들이 자신을 새롭게 바라볼 수 있도록 하는 것이다.[9]

♪♪

언어, 논리, 분석은 주로 좌뇌의 영역이다. 직관, 감성, 창조력을 필요로 하는 일은 우뇌에서 관장한다. 좌뇌로 경영하고, 우뇌로 리드하라.[3]

♪♪

부모들이 아이들의 문제를 부담스럽기만 한 골치 아픈 문제로 생각하지 않고 관계를 더욱 견고하게 만들 기회로 여긴다면, 부모와 자녀 간의 상호작용 또한 완전히 다른 성격을 띨 수 있다. 그런 부모들은 아이가 문제를 들고 왔을 때 "이제 또 뭐가 문제야!"라고 생각하는 것이 아니라 "이건 내가 아이를 돕고 아이에게 더욱 신뢰를 얻을 수 있는 기회구나"라고 생각한

다.[7]

∿

많은 사람들이 부모 역할의 중요성과 의무의 막대함을 운운하지만, 우리는 보통 자신의 일에 우선적으로 에너지, 열정, 시간을 쏟고 더 충실하다. 일을 할 때 우리는 잘 만들어진 시스템을 통해 조심스럽게 계획하며 꼼꼼히 기록하고, 문제가 생기면 면밀히 분석한다. 하지만 우리 아이들의 성품 발달에 관해서는 제대로 된 분석도, 계획도, 기록도 없고 그 어떤 구성 체계도 없이 하루하루를 흘려보내기 일쑤이다.[4]

∿

사람의 노동력을 살 수 있지만, 그의 마음을 살 수는 없다. 의리나 열정은 마음의 것이다. 일손도 살 수 있지만 사람의 머리를 살 수는 없다. 창조력, 기발함, 지략은 머리에서 나온다.[7]

∿

같은 뿌리에서 다른 열매를 맺을 수는 없다.[7]

관리와 리더십의 차이를 파악하려면 한 집단이 손도끼를 하나씩 들고 정글을 헤쳐 나가는 모습을 상상하면 된다. 선두에 선 것은 직접 일을 하며 문제를 해결하는 일꾼들이다. 그들은 정글 속의 잡목을 제거하며 앞으로 나아간다.

관리자들은 그 뒤에 서서 도끼를 갈아주고, 규칙이며 업무지침을 만드는 사람들이다. 그들은 근육 발달 프로그램을 진행하거나 발전된 기술을 들여오기도 하고, 작업 일정을 짜고 보상 체계도 구성한다.

리더는 가장 높은 나무 꼭대기에 올라가서 전체 상황을 살핀 후 "길을 잘못 들었네!"라고 외치는 사람이다. 그러면 더욱 효율을 높여야 한다며 바쁘게 움직이던 생산자들이나 관리자들은 어떻게 반응하겠는가? "입 닥쳐! 일은 잘 진전되고 있어!"[7]

10

배움의 원칙

– LEARNING –

인도 아마바다드 경영연구소의 학생들은 매년 두 번씩 시골로 8일에서 10일 정도 순례를 간다. 이 쇼드야트라 (shodhyatra), 즉 걸어서 하는 오지 여행에서, 학생들이 구하는 것은 제3의 대안이다. 외진 인도 마을들에서 필요에 의해 만들어진 이상하고 독특하고 창의적인 발상들을 찾는 것이다. 이 학생들은 아주 작지만 일탈적인 아이디어에 큰 관심을 갖는다. 농부나 상인이 개발한 독특한 장치나 방식을 발견하게 되면 돌아와 새로운 지식을 발전시키기 위해 만들어진 국가 단체인 꿀벌네트워크(Honey Bee Network)를 통해 공유한다……

이 순례자 학생들은 약초를 쓴 민간요법이라든가, 낡은 소니 워크맨으로 선풍기를 돌리는 등 작은 모터를 독특하게 응용했다든가, 지역 카레 비법까지 꼼꼼하게 기록한다.

그들은 여정 중에 작은 기적을 맞닥뜨리기도 했다. 어떤 아이는 지역 식물 300종 이상의 이름과 용법을 줄줄 읊을 수 있었다. 또 그들은 가난한 사람들의 삶을 변화시킬 수 있는 정말 창의적인 아이디어들을 발견하기도 했다. 무척 성공적인 사례 중 하나가 바로 만소크 프라자파티의 '미티 쿨(Mitti Cool)'이다. 기발한 사각 형태의 토기로 만든 전기가 필요 없는 냉장고로, 현재 수천 대가 사용되고 있다. 그는 오토바이로 끄는 쟁기나 달라붙지 않는 진흙 프라이팬도 만들었는데, 성능은 테플론 프라이팬 못지않지만 1달러 정도면 살 수 있다.

코코넛 나무에 오르는 장비를 발명한 사람은 이제 자신의 장비를 국제적으로 판매하고 있다. 어느 농촌 마을에서 습진에 바르던 약초크림은 이제 전 세계적으로 인기를 끌고 있다. 또 어떤 남자는 물과 뭍 모두에서 탈 수 있는 자전거를 발명했다. "도무지 배가 오기를 기다리고 있을 수가 없었어요." 그는 말했다. "애인을 금방 만나야만 했거든요. 절박함 덕에 혁신도 하게 됐죠. 사랑도 기술의 도움이 필요해요."[5]

실수에 대한 주도적인 접근이란 그 실수를 바로 인지하고, 고치고, 또 거기에서 배우는 것이다. 이렇게 하면 말 그대로 실패를 성공으로 만들 수 있다.[7]

⚜

무지를 인정하는 것이 교육의 첫걸음이다.[7]

⚜

과학 분야의 큰 진보 중 대부분의 첫걸음은 전통이나 과거의 사고방식이 등 낡은 패러다임과 결별하는 데서 시작되었다.[7]

⚜

양심을 더욱 함양하고 양심에 따라야 한다. 당신에게 가장 좋은 정신적인 자극을 주는 글을 읽고 공부하여 양심을 수양하고, 그런 다음 그 목소리를 따라야 한다. 조금씩 더 따를수록 양심도 더욱 고취된다. 그리고 더 많은 깨달음들이 점차 찾아올 것이다.[21]

∂

마음을 수양하는 것은 사고를 성장시키는 것과 반드시 함께해야 한다.[1]

∂

나는 자기학습을 할 때 일종의 시스템이 있어야 된다고 생각한다. 무슨 정식 수업이나 강좌를 들어야 하는 것이 아니다. 아는 사람끼리 하는 토론 그룹일 수도 있고 독서 프로그램일 수도 있다. 시스템이 없거나 외부적인 규율이 없을 때 대부분의 어른들은 새로운 것에 도전하고도 원래의 방식으로 돌아가 버리기 때문이다.[4]

∂

우리가 우리의 아이들을 가르치지 않는다면, 사회가 그들을 좋지 않게 가르칠 것이다. 그렇게 되면 우리와 그들이 그 결과를 내내 감당해야 한다.[6]

∂

어떤 가정에서 매일 아침 10분에서 15분 정도 시대를 초월하는 원칙들에 대한 책을 읽는 것으로 하루를 시작한다면, 그 가족들은 그날 닥칠 여러 문제들에 대한 더 나은 선택을 낼 수 있을 것이라 확신한다. 가족에 대해서건, 직장에서건, 모든 차원에서 말이다. 정신은 한층 고양될 것이고, 당신의 인간관계는 보다 만족스러울 것이며, 더 넓은 관점에서 모든 것을 바라볼 것이다. 당신에게 일어나는 일에 그저 반사적으로 대응하지 않고 주도적으로 반응하는 능력을 키울 수 있을 것이다. 결국 당신은 소중한 것들에 좀 더 집중하며 살아갈 수 있을 것이다.[6]

ↄ৮ℓ

교육의 핵심적 가치는 돈을 벌거나 직업을 얻는 데 있는 것이 아니라 인간적이고 영적인 성품 함양에 있다. 교육을 통해 더 좋은 아버지와 남편이 될 수 있고 부인과 어머니 그리고 시민도 될 수 있다. 더 분석적이고 창조적으로 사고하는 방법을 배울 수 있다. 또 명확하고 설득력 있게 말하고 쓰는 방법과 분별 있는 독서도 배울 수 있다. 인생과 여러 문제들에 어떻게 생각하고 접근할지 또한 배울 수 있다. 교육을 통해 지식의 기반은 깊이 있게 넓어지고 사고의 지평선은 넓어진다. 공감하고 감사할 수 있는 능력 또한 더 커진다. 교육은 모든 차원에서 더 깊고 충실하고, 일관되고, 유능하며 지혜로운 인간을 만든다.[4]

♪♪

알면서 실행하지 않는 것은 사실 잘 모르는 것이다.[7]

♪♪

진정한 지식은 존재 상태로 나타난다.[4]

♪♪

대통령이 내게 미국의 교육을 발전시키려면 어떻게 해야 하느냐고 물었을 때 나는 이렇게 대답했다. "아이의 전인적인 교육을 위해 학교와 부모가 협력해야 합니다. 전인적 교육에는 강인한 성품을 키우는 것과 21세기에 성공하려면 필요한 경쟁력을 키우는 것 둘 다 포함됩니다."[15]

11
사랑의 원칙

- LOVE -

일전에 어떤 남자가 내게 다가오더니 털어놓았다. "제 아내와 저는 서로에 대한 예전의 좋은 감정을 잃어버렸습니다. 아마 나도 더 이상 그녀를 사랑하지 않고, 그녀도 나를 사랑하지 않는 것 같아요. 이럴 때 어떻게 해야 합니까?"

"서로에게 더 이상 좋은 감정이 없다고요?" 나는 되물었다.

"맞아요." 그는 수긍했다. "그렇지만 우리 사이에는 정말 소중한 아이들이 셋 있습니다. 이럴 때 어떻게 해야 합니까?"

"그녀를 사랑하세요." 나는 대답했다.

"제가 말하지 않았습니까. 이제 그런 감정이 들지 않는다고요."

"그럴수록 그녀를 사랑하세요."

"이해를 못 하시는군요. 그녀를 사랑하는 감정은 이제 사라졌습니다."

"그렇다면 그녀를 사랑해야요. 그 감정이 사라졌다면, 더욱 사랑하려고 해야 하지 않겠습니까."

"하지만 사랑하지 않을 때 어떻게 사랑할 수 있죠?"

"사랑한다는 것은 동사입니다. 사랑이란 감정은 사랑이란 행위의 결과물입니다. 그러니 그녀를 사랑하세요. 그녀를 돕고, 희생하고, 그녀의 이야기를 듣고, 공감해주고, 그녀에게 감사하고, 그녀를 긍정하는 겁니다. 그렇게 할 수 있겠습니까?"[7]

❧

한 사람을 대하는 태도에서 당신의 다른 사람들에 대한 생각도 알 수 있다. 결국에는 모든 사람이 하나이기 때문이다.[7]

❧

내 친구의 아들은 야구에 무척 열광한다. 내 친구는 야구에 아무런 관심도 없다. 하지만 어느 여름, 그는 아들을 데리고 모든 메이저리그 팀의 경기를 보러 갔다. 6주 넘는 여정이었고 돈도 무척 많이 들었지만 그 계기로 그는 그의 아들과 무척 가까워졌다. 내 친구가 돌아오자 사람들이 물었다. "야구를 그렇게 좋아하나?" "아니." 그가 대답했다. "하지만 내 아들은 그만큼 좋아하지."[7]

당신이 누군가를 예의와 친절함, 정직함으로 대하고 그에게 계속 충실한 모습을 보여 그 사람의 감정계좌에 예입한다면 좋은 감정이 쌓이게 된다. 그는 당신을 더욱 신뢰하게 되고, 이제 당신이 필요할 때가 되면 그 신뢰에 기댈 수 있게 된다. 심지어 실수를 한다고 하더라고 그동안 쌓인 신뢰감, 즉 예입된 좋은 감정이 보상해줄 것이다. 당신이 애매하게 이야기해도 상대는 당신의 뜻을 이해할 것이며, 말 한마디 잘못했다고 당신을 공격하지도 않을 것이다. 깊은 신뢰가 있을 때, 소통은 쉽고 빠르며 효과적이다.[7]

꾸꾸

부모들이 사랑의 법칙을 따르면, 자녀들도 삶의 법칙
을 따르게 동기부여가 될 것이다.

당신의 아이가 더 친근하고 협조할 줄 아는 청소년이
되기를 바란다면, 더 많이 이해하고, 공감하고, 일관성
을 유지하고, 사랑으로 아이를 대하는 부모가 되어야
한다.[7]

꾸꾸

관계에서는 작은 것들이 중요하다.[7]

꾸꾸

야망이 가득한 사람은 자기 일이며 물건들에 집착한
다. 그는 자신의 아이들마저 소유물로 생각한다. 그래
서 남들에게 부러움을 사거나 좋은 부모라고 존경받
기 위해 아이들이 맞춰 행동하기를 강요하려고 한다.
그런 소유적인 사랑은 파괴적이다.[4]

꾸꾸

사랑의 법칙의 핵심은 사람들을 그들 본연의 모습 그

대로 받아들이고, 이해하려는 마음으로 그들의 이야기를 듣고, 그들의 감정을 존중하며 인내심과 애정을 갖고 그들과 관계를 쌓아나가는 데 있다.[4]

ↈ

"그대 다시는 고향에 못 가리라"라고 한 토마스 울프는 틀렸다. 우리는 다시 고향으로 돌아갈 수 있다. 보물처럼 아끼는 인간관계들과 소중한 우정들이 남아 있는 곳이라면.[7]

12

잠재력의 원칙

– POTENTIAL –

1988년 여름 옐로스톤 국립공원에 불이 났다. 처음에는 아무도 걱정하지 않았다. 옐로스톤에서 산불은 흔하고 주로 자연스럽게 소화된다. 하지만 이번 경우는 달랐다. 가뭄과 바람, 거기다 오래된 나무들이며 덤불들이 연료 역할을 하며 대규모 화재가 일어났다. 여름이 지나갈 즈음 1백만 에이커가 넘는 숲이 불탔고, 국립공원 중에서도 보석이었던 옐로스톤은 이제 영원히 사라진 것 같았다.

하지만 아니었다. 1년 만에 소나무 새싹들이 검은 땅을 뒤덮었다. 그리고 불과 20년 후, 새로운 숲이 자리하고 있다. 알고 보니 옐로스톤 특유의 로지폴 소나무들은 불이 주는 자극을 통해서만 새롭게 씨를 뿌릴 수 있었다. 불은 자연법칙에 따른 것이었고 공원을 파괴한 것이 아니라 새롭게 태어나게 했다.

21세기 들어 경제 상황은 예측 불가능한 롤러코스터와 같아졌다. 그리고 이런 상황은 앞으로도 지속될 것으로 보인다. 지식 경제로의 지각변동은 정말 많은 사람들을 혼란으로 몰아넣어 어쩔 줄 모르게 만들었다. 어떤 사람들은 지금의 이 사태를 옐로스톤 화재에 대해 사람들이 처음에 생각했듯 남는 것은 재밖에 없는 큰 재앙으로 바라본다. 그들 눈앞에 보이는 것은 연기와 같이 사라진 수백만 개의 직장이며 여러 산업 분야가 완전히 도태된 모습 등 황량하고 메마른 경제 상황이다.

하지만 어떤 사람들에게는 같은 풍경이 더없이 비옥한 가능성의 땅으로 보인다. 21세기의 경제는 잔뜩 망가졌고 변덕스럽기 그지없지만, 그 땅에서 불과 수년 만에 상상을 초월하는 다양한 기회를 제공하는 새로운 산업들이 솟아났다. 누군가에게는 재앙인 것이, 다른 사람들에게는 새 출발의 단초가 된다. 세상이 변하면서 모든 문제가 사라졌는가? 아니면 세상은 아직도 똑똑하고 기운 넘치는 사람들의 힘을 필요로 하는가? 세상은 당신을 여전히 필요로 한다.[2]

나의 불만도, 나의 지위도, 나의 이념도, 나의 팀도, 나의 회사도, 나의 정당도, 나 자신은 아니다. 나는 그 이상이다. 나는 과거의 피해자가 아니다. 나는 온전한 사람이고, 유일한 개인이며, 내 운명을 이끌어갈 힘이 있다.[5]

나는 어떤 상황이든 어떤 조직이든, 한 사람이 변화의 촉매, 즉 변환자가 될 수 있다고 확신한다. 그런 사람은 아주 조금으로도 빵을 커다랗게 부풀게 하는 효모와 같다. 그런 변화를 이끄는 리더가 되려면 미래에 대한 분별력, 행동하게 하는 결단력, 인내심, 타인에 대한 존중, 끈기, 용기, 믿음이 모두 필요하다.[3]

청중에게 강의할 때면 나는 곧잘 묻는다. "여러분 중 자신이 속한 조직에 몸담은 대부분의 사람들이 현재의 직책상 실제로 요구되는 것보다 훨씬 재능 있고, 유능하며, 창의력이 있다는 데 동의하십니까?" 그러

면 대다수가 손을 든다.[8]

⟡

조직원들의 열정, 재능, 지성을 제대로 이끌어내지 못해서 개인이, 그리고 조직이 치를 대가에 대해 한번 상상해보라. 그것은 모든 세금이며, 이자, 인건비를 합한 것보다 훨씬 비싼 값이다![8]

⟡

우리의 가장 중요한 금융 자산은 돈을 벌 수 있는 자신의 능력이다.[7]

⟡

여덟 번째 습관은 자신의 내면의 소리를 찾고, 다른 사람들도 그렇게 할 수 있도록 고무시키는 것이다.[8]

⟡

누구나 인생의 두 갈래 길 중 하나를 택해야만 한다. 당신이 늙든 젊든, 부자든 가난하든, 남자든 여자든 마찬가지이다. 하나는 대부분의 이들이 걸어 드넓어

진, 평범한 인생으로 가는 길이다. 다른 하나는 의미 있고 위대한 인생으로 가는 길이다.[8]

<p>

당신의 내면의 소리는 재능, 열정, 필요, 양심의 교차점 사이에 있는 그 무엇이다. 세상이 필요로 하는 일이라 양심에 부합하면서도, 당신의 재능을 활용할 수 있고 열정을 불태울 수 있는 일에 온 힘을 다할 때 당신의 내면의 소리를 찾을 수 있다. 그것은 당신의 소명이며 또 영혼의 열쇠이기도 하다.[8]

<p>

우리는 자각할 수 있다. 그 뜻은 우리가 우리 자신에 게서부터 한걸음 떨어져 자신의 믿음과 행동에 대해 평가할 수 있다는 뜻이기도 하다. 우리는 우리가 하는 생각에 대해 생각할 수 있다.[5]

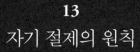

13

자기 절제의 원칙

– SELF-DISCIPLINE –

어느 날 나는 운동생리학 박사인 친구와 체육관에 갔다. 그는 힘을 강화하는 데 중점을 두고 운동했다. 그는 벤치 프레스에서 운동을 하는 동안 내게 보조 역할을 부탁하며 자신이 요청할 때 중량을 덜어달라고 했다. "하지만 내가 말할 때까지는 절대 덜지 말게"라고 그는 단호하게 덧붙였다.

그래서 나는 그가 운동하는 광경을 지켜보면서 중량을 덜어 줄 준비를 했다. 무거운 것이 올라갔다 내려갔다 했다. 점점 힘이 빠지는 것이 눈에 보였다. 그래도 그는 계속했다. 그가 다시 밀어 올릴 때마다 나는 생각했다. "절대 할 수 없을 것 같은데." 하지만 그는 해내고 마는 것이었다. 그리고 역기를 천천히 내리고는 다시 올렸다. 그 뒤에도 그는 몇 번이나 역기를 올리고 내리기를 반복했다.

힘을 쓰느라 혈관이 얼굴 밖으로 튀어나올 지경인 그의 얼굴을 보면서 그런 생각이 들었다. "이러다 역기가 떨어져 가슴이 크게 다치고 말 거야. 지금 무게를 덜어 주어야 하지 않을까? 어쩌면 이미 이성을 잃어서 자기가 뭘 하고 있는지도 모르는 게 아닐까?" 하지만 그는 그걸 또 안전하게 다시 내려놓고, 또다시 올리기 시작했다. 도무지 믿을 수가 없었다.

그가 드디어 중량을 내려달라고 말했을 때 나는 물었다. "대체 왜 그렇게 오래 버텼는가?"

"스티븐, 운동의 효과 대부분은 마지막에 나는 것일세." 그는 대답했다. "나는 지금 힘을 키우려고 운동을 하네. 근육질이 파열되고 신경섬유가 고통스럽다고 느껴야만 힘이 강화되지. 자연의 보상원리에 따라 근육질은 48시간 안에 강해지지."[7]

*

절제(Discipline)란 말은 자기를 다스리고 스승을 따라서 하는 제자(disciple)란 말에서 나왔다. 스승의 철학을 그대로 따르고, 여러 원칙들과 가치들, 지배하는 목적, 최상의 목표를 따르거나 그 목표를 대변하는 제

자가 되었다는 뜻이다.[7]

ഗ

나는 매일 아침 내가 "개인의 승리"라고 부르는 것을 거두려고 노력한다. 자전거 운동기구에서 성경을 공부하며 최소한 30분 이상 운동하고, 그런 다음 수영장에서 15분 이상 격렬하게 수영하고, 수영장의 얕은 곳에서 15분간 요가를 한다. 그다음에는 주로 내 양심의 소리를 들으려 노력하며 열린 마음으로 기도하고 하루를 어떻게 보낼 것인지 떠올려 본다. 그중에는 업무적으로 중요한 일도 있으며 내가 사랑하는 이들이나 동료들, 고객들과의 관계에 대한 것도 있다. 나는 올바른 원칙들을 지키며 살아가고 가치 있는 목표들을 이뤄내는 내 모습을 그린다.[16]

ഗ

양심의 소리에 귀 기울여라. 양심상 꼭 해야만 한다고 느껴지는 일이 있을 것이다. 그리고 사소한 것부터 시작해라. 자기 자신과 작은 약속을 하고 그것을 지켜라. 그리고 조금 더 큰 약속을 하고, 또 그보다 더 큰 약속을 하고 또 지켜라. 결국 그 약속을 지키고자 하는 자존심이 그날 당신의 기분이 어떤가보다 더 중요해질 것이고, 그 사실이 당신에게 기쁨과 자신감을 줄 것이다. 그것을 밑거름으로 이제 당신이 도움이 되거나 발전시킬 수 있는 분야로 나아갈 수 있을 것이다.[16]

⌘

많은 사람들은 절제가 구속과 같은 것이라고 생각한다. 사실 그 반대이다. 절제할 수 있는 사람들만이 정말 자유롭다고 할 수 있다. 절제력이 없는 사람들은 기분, 욕구, 감정의 노예나 마찬가지이다.[8]

⌘

대부분의 사람들이 자기 문제의 핵심은 절제력 부족이라고 말한다. 그러나 나는 문제의 근본 원인은 따로 있다고 생각한다. 그것은 사람들이 그들의 마음속에 우선순위를 제대로 세우지 못했다는 데 있다.[7]

⌘

주간 단위로 계획을 세우면 매일매일 계획을 세우는

것보다 더 균형과 흐름을 잘 유지할 수 있다. 대부분
의 사람들은 주 단위로 생각한다. 일주일을 하나의 온
전하고 독립적인 시간 단위로 생각하는 어떤 문화적
인 동의가 형성돼 있는 것 같다. 실제로 사업이나, 교
육 등 사회의 여러 분야들이 어떤 날은 집중적으로 노
력하고 어떤 날은 긴장을 풀거나 재충전할 수 있도록
지정하는 일주일이라는 틀 안에서 운영된다.[7]

⁀⁀

개인의 승리는 대인관계의 승리보다 선행한다. 왜냐
하면 자기 수양, 자기 절제야말로 다른 사람과 좋은
인간관계를 맺는 기초가 되기 때문이다.[7]

⁀⁀

미루기 좋아하고 무절제하고 나약하게 만드는 그런
성향들을 강하게 다잡아야 한다. 남몰래 혼자서 해내
야 하는 일이고, 많은 노력이 필요하며, 가장 어려운
일중 하나이다. 하지만 시간을 들여가며 애쓰다 보면,
점점 자신의 삶 속에 평온함과 강인함이 깃드는 것을
느낄 수 있을 것이다.[4]

반세기 전 인류 최초의 달 탐사 여행은 지구촌 최대의 화제였다. "환상적"이나 "상상을 초월하는" 같은 수사로는 그 당시의 흥분을 다 담아낼 수 없다.

그 여행에서 가장 많은 에너지와 힘이 들어갔던 곳은 어디였을까? 40만 킬로미터 이상을 날아 달로 가는 길, 아니면 지구로 돌아오는 길이었을까? 달을 공전하는 데는 얼마나 들었을까? 달에서 이륙하는 것은?

아니다—이 중 어느 것도 아니다. 이 모든 과정에 사용했던 에너지를 합쳐도 부족할 만큼의 에너지를 한꺼번에 태웠던 순간이 있다. 그것은 바로 지구에서 이륙할 때였다. 지구에서 우주선이 이륙하던 몇 분간, 불과 수 킬로미터를 가면서 소모된 에너지는 그 후 며칠간 80만 킬로미터 이상의 거리를 오가는 데 필요한 에너지보다 더 크다.

습관 또한 중력만큼이나 강력한 힘을 갖고 있다. 미루기, 성급하게 굴기, 부정적으로 보기, 이기적이거나 낭비적인 행동 등 오랜 시간 몸에 밴 나쁜 버릇들에서 벗어나려면 약간의 의지나 사소한 변화 정도로는 부족하다.[4]

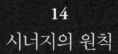

14
시너지의 원칙

– SYNERGY –

나는 서구와 이슬람 사회의 관계를 호전시키고자 하는 세계 리더들의 모임에 속해 있다. 전직 미국 국무장관, 유명한 이슬람 성직자들이나 유대교 랍비들, 세계적인 기업의 경영인들, 갈등해결 전문가 등이 모두 이 모임에 참여하고 있다. 이 모임의 첫 번째 회동 때 다들 각각의 목적을 갖고 이 자리에 모인 것이 분명했다. 다들 공적이고 이성적인 태도로 일관했으며 긴장감이 팽팽한 자리였다. 그날은 일요일이었다.

　　나는 그 모임에 회의를 이어나가기 전 하나의 원칙을 알려줘도 되겠느냐고 물었고, 고맙게도 그들은 선뜻 호응해주었다. 나는 시너지의 원칙에 대해 이야기했다.

　　화요일 저녁쯤 되자 분위기가 완전히 변했다. 사람들은 각각의 목표와 전략을 일단 보류했고, 우리는 지금까지 상상하지 못했던 새로운 해결책을 고안해냈다. 자리에 모인 사람들은 서로에 대한 존경과 사랑을 품고 있었다. 전 국방장관은 내게 속삭였다. "시너지의 원칙이 이렇게 큰 힘을 가졌다니요. 이건 지금까지 정말 본 적도 없는 일입니다. 당신이 여기서 해낸 일이 국제 외교관계를 완전히 혁신시킬 수도 있을 것 같군요."[5]

✎

물론 법은 절대적으로 필요하다. 만일 법이 없다면 사회는 붕괴될 것이다. 그러나 법이 우리의 생존에 기여하는 것은 사실이지만 시너지를 일으키지는 못한다. 법은 기껏해야 타협을 가져올 뿐이다.[7]

✎

갈등은 삶이 보내는 신호이다. 갈등은 보통 사람들이 어떤 일에 대해 진지하게 생각할 때 일어나는 것이다. 내가 '갈등의 선물'에 대해 이야기하면 사람들은 나를 의심스럽게 바라본다. 하지만 생각해보자. 깊게 생각하는 사람들 간에는 의견 차이가 존재하기 마련이다. 사람들이 어떤 문제에 대해 각자의 다른 입장을 열렬

하게 토로할 만큼 애정과 관심을 갖고 있다면, 그것은 크게 환영할 만한 일이 아닐까.[5]

❧

모든 아이는 제3의 대안이다. 모두가 전무후무한 능력과 특성들을 갖고 태어난 독립적인 인간이다. 아이의 이런 능력은 부모의 능력으로도 추론할 수 없다. 아이가 갖고 있는 특성의 조합은 우주에서 유일하며, 무궁무진한 창조적인 가능성을 품고 있다.[5]

❧

사업에서 어떻게 승-승을 이끌어낼 수 있을까? 한쪽이 더 큰 이득을 볼 때는 어떻게 해야 할까? 한쪽이 더 이득을 본다면, 그건 승-패이다. 더 큰 이득을 얻는 측도 처음에는 성공했다고 여기겠지만 장기적으로는 상대의 분노와 불신을 느낄 것이다. 승-승하려면 한 가지만 지키면 된다. 어떻게 하면 둘 다 이 상황에서 승리할 수 있는지 서로에게 묻는 것이다. 함께 생각함으로써 혼자서 생각해낼 수 있는 그 무엇보다도 뛰어넘는 제3의 대안을 찾아야 한다.[17]

두 사람이 있는데 견해가 완전히 일치한다면, 그중 한 사람은 불필요하다.[7]

불안정한 사람들은 현실이 자신의 패러다임에 맞아떨어져야 한다고 생각한다. 그들은 다른 사람들을 자기처럼 만들고자 하는 강력한 욕구를 가지며 자신의 사고방식을 주입시킬 필요성을 강하게 느낀다. 그들은 인간관계의 강점은 다양한 관점을 알게 되는 것에 있다는 사실을 모른다. 동일성과 하나 됨은 다르고, 서로 같은 것과 화합하는 것 또한 다르다.[7]

사람들을 문제에 개입시켜야 한다. 문제에 몰두하면서 깊이 이해하고 결국 자신의 것으로 느끼게 한다면 그 사람들은 문제를 해결하는 데 중요한 역할을 할 것이다.[7]

꽃

두 사람이 의견이 다른데도 둘 다 옳은 것이 논리적으로 가능할까? 논리적으로는 가능하지 않을지 모른다. 하지만 심리적으로는 가능하다. 그리고 현실에서 얼마든지 일어나는 사례이다.[7]

꽃

사람들의 서로 다른 입장을 진심으로 귀 기울여 듣다가 아무도 생각해낸 적 없는, 그들을 화해시킬 만한 어떤 해결책이 보이기 시작하는 건 무척 신나는 일이다. 하지만 그 해결책을 실행하기까지 넘어야 할 장벽이 많다. 이럴 때 사람들은 방어적으로 행동하고, 자기 영역을 고집하고, 자기가 생각해낸 것이 아니라 거부하기 일쑤이기 때문이다.[17]

꽃

가정 내에서나 다른 관계에서도 조금의 시너지도 경험해보지 못한 사람들이 많다. 그들은 자라면서부터 자기 방어적인 소통에 익숙해졌거나 인생 혹은 타인을 신뢰해서는 안 된다고 믿도록 세뇌된 사람들이다.[7]

대부분의 사업가들은 독립적인 경향이 강하다. 그들은 혼자서 일하는 것을 좋아한다. 하지만 해마다 열리는 올해의 탁월한 사업가들을 수상하는 모임에 꾸준히 참석하다 보면, 지속적으로 성공을 거두는 사람들은 팀으로 성공한다는 사실을 깨닫게 된다.[14]

✒

대분의 회의가 시간낭비인 이유는 제대로 준비된 경우가 드물고, 참석자들이 시너지를 일으켜 더 발전적인 대안을 찾을 기회도 거의 없기 때문이다.[16]

✒

대부분의 협상자들은 자기 방식대로 일을 진행하려 한다. 양측은 여러 번 줄다리기를 한 끝에 서로가 조금씩 양보하는 타협안에 도달한다. 그와 달리 제3의 대안을 구하게 되면 그 누구도 양보할 필요가 없다. 모두 더 이득을 보게 되기 때문이다. 그런 새로운 결론을 얻고 싶다면, 상대와 논쟁할 것이 아니라 이렇게 제안해야 한다. "우린 지금 서로 원하는 게 다르죠. 하지만 우리 둘 다 정말 만족할 수 있는, 제3의 대안을 찾아보면 어떻겠습니까?"[17]

♪♫

대인관계에서의 승리는 다른 사람들을 이긴다는 뜻이 아니다. 그 뜻은 관계되는 모든 사람에게 유익한 결과를 가져다주는 효과적인 상호작용을 의미한다. 대인관계의 승리는 함께 일하고 대화하는 것을 말하며, 개별적인 힘으로는 하지 못할 일도 힘을 합해 해내는 것이다.[7]

♪♫

진정한 혁신은 시너지를 통해 나오는데, 시너지가 발생하려면 다양성이 필요하다. 똑같은 관점을 가진 두 사람에게서는 시너지가 발생할 수 없다. 그런 경우에 일 더하기 일은 둘이다. 하지만 관점이 다른 두 사람은 시너지를 일으킨다. 그럴 때 일 더하기 일은 삼이나 십, 심지어 천이 될 수도 있다.[5]

시너지의 원칙

시너지는 자연 속 어디에나 존재한다. 두 개의 식물을 서로 가까이 심으면 뿌리들이 얽혀 토양을 더 비옥하게 만들기 때문에 따로 멀리 심는 것보다 둘 다 더욱 잘 자라게 된다. 판자 두 개를 합치면 각각이 지탱할 수 있는 무게를 합친 것보다 훨씬 더 큰 무게를 받칠 수 있다. 무엇이 하나가 되면, 각 부분의 합보다 더 큰 힘을 가진다. 시너지가 일어날 때, 일 더하기 일은 삼, 혹은 그 이상이다.[7]

시너지는 타협과 다르다. 타협할 때, 일 더하기 일은 둘이 아니라 기껏해야 하나 반에 불과하다.[5]

시너지를 일으키는 첫걸음은 이렇게 묻는 데서 시작된다. "우리 중 누구의 주장보다 더 나은, 새로운 해결책을 구하려고 같이 노력해볼 생각이 있습니까?"[5]

ぷ

갈등을 거래로 바라보게 되면 오로지 '나'의 관점에서 생각하게 된다. "내 피해를 최소화하면서 내가 원하는 걸 얻는 방법이 뭘까?" 하지만 갈등을 정말 해소하는 것은 '우리'의 입장으로 접근하는 것이다. "우리가 어떻게 하면 같이 훌륭한 결과를 낼 수 있을까?"[5]

ぷ

시너지의 핵심은 다름을 가치 있게 여기는 것이다. 정신적인 것이든, 감정적인 것이든, 심리적인 것이든, 사람들 간에 존재하는 다름을 중요하게 생각하는 것이다. 그리고 이런 다름의 진정한 가치를 깨달으려면 먼저 모든 사람이 세상을 있는 그대로 바라보는 것이 아니라, 자기 자신의 시선으로 바라본다는 것을 알아야 한다.[7]

ぷ

사람들이 도무지 타협하려 들지 않을 때, 그것은 오히려 좋은 기회일 수도 있다. 제3의 대안으로 갈 가능성이 보이기 때문이다. 협상을 하다 보면 다들 무언가를

잃게 된다. 제3의 대안을 통해서 우리는 모두 승리할 수 있다.[18]

15

신뢰의 원칙

- TRUST -

나는 진한 조개크림수프를 정말 잘하는 식당을 아는데, 그곳은 점심 때마다 손님으로 꽉 찼다. 그런데 어느 날 가게가 팔렸고, 새 주인은 거위보다 황금알에 몰두하는 사람이었다. 그는 좀 더 수익을 내려고 수프에 물을 탔다.

그로부터 한 달 정도는 재료비는 내려가고 매출은 꾸준해 높은 수익이 났다. 하지만 점차 손님이 줄어들기 시작했다. 식당은 신뢰를 잃었고, 사람들의 발길이 끊기다시피 했다. 새 주인은 어떻게든 사업을 다시 살려보려고 필사적이었지만 때는 늦었다. 그는 손님들을 외면하고 그들의 신뢰를 배반했으며, 고객의 믿음이란 중요한 자산을 잃었다. 황금알을 낳을 거위는 이제 없는 것이다.[7]

신뢰를 받고 싶다면, 신뢰할 수 있게 행동하면 된다.[7]

지금 있는 사람들의 신뢰를 받고 싶다면, 지금 자리에 없는 사람들에게 의리를 지키면 된다.[7]

사람들은 올바른 원칙을 지키는 사람을 본능적으로 신뢰한다.[3]

그들의 성품을 알기 때문에 완벽하게 신뢰할 수 있는 사람들이 있다. 그들이 언변이 유창하든 아니든, 인간 관계에 능숙하든 그렇지 못하든, 분명히 신뢰할 수 있다. 그래서 이런 사람들과는 쉽게 협력하며 좋은 성과를 낼 수 있다.[7]

신뢰는 삶과 삶을 이어주는 끈 같은 것이다. 효과적인

소통의 핵심 요소이며, 어떤 관계이든 신뢰라는 원칙을 기반으로 한다.[1]

♫

신뢰는 최상의 인간 동기부여 상태이다.[7]

♫

은행계좌가 뭔지는 누구든 안다. 우리는 은행에 계좌를 만들고 이를 통해 예입을 하며 필요할 때 인출할 수 있도록 잔고를 남긴다. 감정은행계좌란 인간관계에서 구축하는 신뢰의 정도를 은유적으로 표현한 것이다. 다시 말해 이것은 우리가 다른 사람에 대해 가지는 안정감이다. 만약 우리가 다른 사람에 대해 공손하고 친절하며, 정직하고 약속을 지킨다면 우리는 감정을 예입하는 셈이다.[7]

♫

높은 신뢰관계에서는 쉽고 자연스럽게, 즉흥적으로 소통할 수 있다. 말실수를 한다고 해도 별 상관없다. 사람들이 당신을 잘 알고 있기 때문이다.[8]

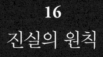

16
진실의 원칙

- TRUTH -

나는 어느 일요일 아침 뉴욕의 지하철에서 패러다임의 작은 전환을 경험했다. 지하철을 탄 사람들은 조용히 앉아서 신문을 읽거나 생각에 잠겨 있거나 눈을 감고 쉬고 있었다. 전체적으로 매우 조용하고 평화로운 분위기였다.

그런데 한 중년 남자와 그의 아이들이 전철에 타자 그런 분위기는 순식간에 엉망이 되고 말았다. 아이들이 마구 떠들어대며 제멋대로 날뛰는 것이었다.

그 중년 남자는 바로 내 옆에 앉아 있었는데 두 눈을 감은 채 그런 상황에 대해 전혀 신경을 쓰지 않는 듯했다. 아이들은 마구 뛰어다니며 소리를 질러대고 물건을 집어던졌으며 심지어 승객이 보고 있는 신문을 홱 낚아채기까지 했다. 여간 신경이 거슬리는 게 아니었다. 그런데 아빠라는 사람은 아무것도 하지 않았다.

화를 내지 않고는 견디기 어려운 상황이었다. 나는 이 남자가 자기 아이들이 저렇게 날뛰는데도 무신경하게 아무런 제재도 가하지 않고 전혀 책임감을 보이지 않는 것을 이해할 수 없었다.

거의 모든 승객이 짜증을 내고 있었다. 나는 마침내 더 이상 참을 수 없어서 남자에게 이렇게 말했다. "선생님, 아이들이 저렇게 많은 승객들에게 폐를 끼치고 있습니다. 어떻게 아이들을 좀 조용하게 할 수는 없겠습니까?"

그제야 남자는 마치 그 상황을 처음으로 인식한 것처럼 눈을 살짝 들면서 다음과 같이 힘없이 말했다. "그렇군요. 저도 어떻게 해봐야겠다고 생각합니다. 그런데 사실 지금 막 병원에서 오는 길인데 한 시간 전에 저 아이들의 엄마가 죽었습니다. 저는 앞이 깜깜해서 무엇을 어떻게 해야 할지 모르겠고, 아이들 역시 막막한 것 같습니다."

여러분은 그 순간에 내 심정이 어떠했는지 상상할 수 있는가? 나의 패러다임이 한순간에 바뀌었다. 나는 갑자기 상황을 다르게 보기 시작했고, 그 때문에 다르게 생각하고 느끼게 되었으며, 다르게 행동하기 시작했다. 짜증은 사라졌고 화가 나서 행동이나 태도가 선을 넘을까 봐 걱정할 필요도 없게 되었다.

내 마음은 온통 이 사람의 고통으로 가득 채워졌다. 동정심과 측은함이 흘러 넘쳤다. "부인이 돌아가셨다고요?" 모든 게 순식간에 바뀐 것이다. "저런 안 되었습니다. 뭐라고 위로해야 할지 할 말이 없습니다. 제가 어떻게 도울 수 있을까요?"[7]

＊＊

원칙을 중심에 놓고 인생을 살아라. 원칙은 그 어떤 것에도 변하지 않는다. 원칙은 나와 이혼하려고 들지도 않고 내 제일 친한 친구와 도망가 버리지도 않는다. 원칙은 나를 공격하지도 않고, 온갖 임시방편이나 지름길로 내 앞길을 편하게 해주지도 않는다. 원칙은 다른 사람들의 행동이나 환경, 현재 유행에 따라 가치가 바뀌는 것도 아니다. 원칙은 죽지 않는다. 어느 날은 있고 또 다른 날은 없는 그런 것이 아니다.[7]

＊＊

올바른 원칙은 나침반과 같다. 언제나 어디로 가야 할지 가르쳐준다. 그리고 우리가 그것을 제대로 읽을 줄 안다면 우리는 길을 잃거나, 혼란스러워하거나, 서로

반대되는 의견이나 가치들 때문에 어리석은 판단을 하지 않는다.[19]

◈

나는 인간의 본성에는 법이나 교육이 어찌할 수 없고, 신을 통해서만 움직일 수 있는 부분이 있다고 생각한다.[7]

◈

내가 세상을 있는 그대로 볼 수 있다고 생각한다면, 내가 왜 여러 관점의 차이를 중요시하겠는가? 길을 잘못 가고 있는 사람에게 신경이나 쓰겠는가? 내가 가진 패러다임은 내가 객관적이라는 것이다. 나는 세상을 있는 그대로 바라본다. 다른 사람들은 모두 사소한 일상에 파묻혀 살고, 나만이 세상의 큰 그림을 볼 줄 안다. 그래서 다른 사람들은 나를 슈퍼바이저(Supervisor)라고 부른다. 내가 큰 그림(super vision)을 보고 있으니까.[7]

ぴ

경영에서 유행하는 개념들은 마치 솜사탕 같다. 입에 닿을 때 달고, 순식간에 사라진다.[8]

ぴ

다른 사람들의 관점에는 엄청난 간극이 존재할 수 있다. 그럼에도 우리는 수년간 동일한 정신적인 패러다임으로 살아가면서 그것이 '사실'이라고 생각하고, 그런 '사실을 볼 줄 모르는' 사람들이 성품이나 머리가 뒤떨어지는 것이 아닌지 의심한다.[7]

ぴ

세계 어느 곳에서나 인간은 고통을 겪고 있고, 그 문제는 점점 더 확대되고 있다. 이런 문제들을 해결하려면 언제나 원칙으로 돌아가게 된다. 자연법칙이기도 한 이런 원칙들은 자명하고, 세계 어느 곳에서나 통용되며, 시간이 지나도 변함없다. 인류 역사를 통해 모든 문명사회의 근본이었을 뿐만 아니라 오랫동안 존속하고 번성해온 모든 가정과 조직의 뿌리에 해당된다.[7]

୬

내적인 성품 위주의 사고는 인간의 효과성을 가능하게 해주는 '원칙'이 존재한다고 전제한다. 즉, 물리학에 중력법칙이 있는 것처럼 인간 세계에도 현실적이면서 논쟁의 여지가 없는 불변의 자연법칙이 있는 것이다.[7]

୬

우리가 문제를 바라보는 방식이 진정한 문제이다.[7]

୬

어느 시대든, 어느 사회든 통하는 가치들이 있다. 공정성, 정직성, 존중심, 사회 기여와 같은 원칙들은 자명하고 시간이 지나도 그 의미가 퇴색되지 않는다.[8]

୬

너무 많은 인간관계 공식들이 무한히 긍정적이고 단순한 인생철학에 기초하고 있다. 이런 공식들은 일견간단하고 논리적이게 느껴지며 인생에 별 풍랑이 없다면 잘 통하기도 한다. 하지만 성품의 뿌리에까지 미

치며 변화시키는 것이 아니라면 이런 공식들은 잠시 마취시켜 통증을 완화해주는 임시방편일 뿐이다.[4]

𝄑

우리는 자신이 겪고 있는 딜레마가 가짜라는 사실을 잘 알아보지 못한다. 대부분의 딜레마가 가짜인 만큼 더욱 안타까운 일이다.[5]

𝄑

우리가 보는 세상만큼이나, 어떤 렌즈를 통해 보고 있는지 잘 살펴보아야 한다. 렌즈가 우리가 세상을 어떻게 보는지 결정짓기 때문이다.[7]

𝄑

우리는 세상을 있는 그대로 보지 않는다. 자신의 상황과 조건에 따라 만들어진 시선으로 본다.[7]

𝄑

우리가 입을 열어 눈에 보이는 것을 묘사할 때, 우리는 사실 자기 자신과 자신의 관점 그리고 패러다임을

묘사하고 있다.[7]

♂♀

실행방법은 상황에 따라 달라지지만 원칙은 어디서
나 보편적으로 적용할 수 있는 기본적인 진리이다.[7]

17

비전의 원칙

- VISION -

사랑하는 사람의 장례식에 가고 있는 자기의 모습을 마음속으로 상상해보라. 장례식이 거행되는 교회로 차를 몰고 가서 주차하는 장면을 그려보라. 당신은 그 장례식장 안으로 들어가면서 줄지어 선 화환을 보고 은은하게 연주되는 오르간 소리를 듣게 된다. 당신은 걸어가면서 친구들과 가족들을 마주치게 된다. 고인을 잃은 슬픔과 생전에 그와 가까이 지내며 느꼈던 기쁨이 조문객들의 마음속에서 우러나오고 있음을 느낀다.

그런데 앞으로 가서 관을 들여다보는 순간 깜짝 놀란다. 그 관의 주인이 다름 아닌 당신 자신이기 때문이다. 이것은 지금으로부터 3년 뒤에 치르게 될 당신의 장례식이다. 또 여기에 온 모든 사람들은 당신에 대한 사랑과 존경을 마지막으로 표시하기 위해서 찾아온 것이다.

자리를 잡고 장례식이 시작되기를 기다리는 동안 손에 들고 있는 식순을 들여다본다. 조사를 읽을 사람이 4명이다. 첫 번째로 조사를 읽을 사람은 가족과 친인척을 대표하는 사람이다. 이 사람은 각지에서 온 자녀, 형제, 조카, 질녀, 삼촌, 이모, 사촌 그리고 조부모들을 대표해서 조사를 한다.

두 번째로 조사를 읽을 사람은 당신의 친구들 중 한 사람이다. 이 친구는 당신이 한 인간으로서 어떠했는가를 말할 것이다. 세 번째 사람은 당신 직장이나 또는 같은 전문 분야에서 일하는 동료 가운데 한 사람이다. 네 번째 사람은 당신이 봉사하기 위해 몸 담았던 교회나 지역사회 단체에서 온 사람이다.

자, 이제부터 한번 깊이 생각해보라. 당신은 이 사람들이 당신과 당신의 삶에 대해 어떻게 이야기하기를 바라는가? 이들이 조사에서 당신이 어떤 종류의 남편, 아내, 아버지 혹은 어머니였다고 말해주기를 바라는가? 어떤 친구였다고 회상하기를 바라는가? 어떤 직장동료였다고 돌아보기를 원하는가?

당신은 그들이 당신에게서 어떤 성품을 보았기를 바라는가? 당신이 지금까지 해온 어떤 종류의 공헌이나 업적을 그들이 기억해주기를 바라는가? 이제 장례식장에 모여 있는 사람들을 자세히 살펴보라. 당신은 그들의 삶에 어떤 영향과 도움을 주고 싶었는가?[7]

올바른 원칙에 기초를 둔 자기 사명서는 헌법이 국민에 대해 갖는 기능과 같은 역할을 개인에게 한다. 이것이 바로 개인 헌법으로, 우리가 자신의 생활에 큰 영향을 미치는 어려운 상황이나 혼란스러운 감정 속에서 주요한 결정을 할 때 혹은 순간순간 일어나는 일들을 판단할 때 하나의 기준체계를 제공해준다. 나아가 격변하는 환경 속에 살고 있는 우리에게 끊임없는 힘이 된다.[7]

끝을 생각하며 시작해라.[7]

어떤 사람의 관점이 곧 그 사람의 존재이다.[7]

ᘒ

자신에게 무엇이 진실로 중요한지 깨달았을 때 삶은 얼마나 달라지는가! 그런 우선순위를 기억하면 매일 자신이 가장 소중히 여기는 것을 지키고, 하도록 스스로를 관리할 수 있다.[7]

ᘒ

사다리가 잘못된 벽에 기대어져 있다면, 매 걸음 엉뚱한 장소로 더 다가가고 있을 뿐이다.[7]

ᘒ

집을 지을 때 흙 한 삽이라도 뜨기 전에 집의 세세한 부분까지 계획하고 청사진을 그린다. 하루, 일주일, 일 년을 살기 앞서서도 계획을 세우는 것이 좋지 않겠는가?[4]

ᘒ

나는 변할 수 있다. 나는 내 기억을 반복하는 대신 내 상상대로 살 수 있다. 나의 제한된 과거가 아닌 내 무한한 잠재력을 중심으로 살아갈 수 있다.[7]

동기란 마음속에서 타오르는 불이다. 다른 누가 그 불을 대신 켜주려 한다면 잠시 타고 꺼질 가능성이 크다.[21]

어느 가족의 중심에나 변치 않고 늘 그 자리를 지킬 비전과 가치가 있다.[7]

지식 시대의 생산량은 산업 시대의 오십 배가 넘을 것이다. 두 배도, 세 배도, 열 배도 아닌 무려 오십 배이다.[8]

미래는 직업 안에 있는 것이 아니다. 진정한 미래는 당신 안에 있다.[21]

무엇이 승리를 만드는지조차 제대로 알지 못한다면

인생에서 승리할 수 없다. 진정한 승리란 우리의 가장 근본적인 가치와 조화로워야 한다.[7]

♨

상상을 통해 우리는 우리 안에 있는 아직 실현되지 않은 잠재력의 세계를 그려볼 수 있다.[7]

♨

자신을 효과적으로 바꾸려면 먼저 자신의 인식을 바꿔야 한다.[21]

18

승-승의 원칙

나는 한때 큰 프랜차이즈의 CEO를 컨설팅했는데 그는 꽤 회의적인 사람이었다. "스티븐, 이 승-승이란 발상은 멋지게 들리지만 정말 너무 이상적입니다. 냉정한 현실 사업의 세계는 그렇지 않아요. 어디서든 승-패의 사고방식만 있기 때문에, 그 방식을 따르지 않으면 절대로 승리할 수 없습니다."

"그렇군요." 나는 대답했다. "그렇다면 당신의 고객도 승-패의 사고방식으로 대한다고 합시다. 그건 현실적인 겁니까?"

"그렇진 않죠." 그는 답했다.

"왜 아니죠?"

"고객들을 잃을 겁니다."

"그렇다면 패-승적 사고방식은 어떨까요. 사업에서 고

객 이익만 생각하는 겁니다. 이건 현실적입니까?"

"아니요. 이윤도 없고, 회사는 망하겠지요."

여러 대안을 검토해보니 승-승의 대답만이 유일하고 현실적인 해결방안인 것 같았다.

"아마 고객들에게는 그 발상이 적용되겠군요." 그는 인정했다. "그러나 공급자들에게는 해당되지 않는 방안입니다."

"당신은 공급자들의 고객이잖습니까?" 하고 내가 물었다. "왜 똑같은 원칙이 그들에게는 적용되지 않는다는 거죠?"

"우린 최근에 점포 소유주, 점포 운영자들과 임대 재계약을 체결했습니다. 물론 우리는 승-승의 사고방식으로 일을 처리하려고 했지요. 개방적이고, 합리적이고, 화합적인 태도로 말입니다. 그랬더니 우리가 연약하다고 생각하고 우리에게 큰 손해를 끼쳤어요."

"왜 패-승 하려고 했던 겁니까?" 나는 물었다.

"그러려고 하지 않았습니다. 승-승 하려고 했죠."

"그 사람들이 당신에게 큰 손해를 끼쳤다면서요."

"실제로 그랬습니다."

"그러니까 달리 말하자면, 당신은 진 거군요."

"그렇죠."

"그리고 그들은 이겼고요."

"맞습니다."

"그럼 그걸 뭐라고 부르죠?"

그는 승-승이라고 불렀던 것이 사실 패-승이었다는 것을 깨닫고 큰 충격을 받았다.[7]

✿

승-승의 사고방식을 갖기 위해서 필수적인 성품은 풍요의 심리이다. 풍요의 심리는 세상은 모든 사람이 넉넉히 갖고도 남을 만큼 풍성하다고 보는 패러다임이다. 그런 사람은 명예, 인지도, 이윤, 결정권 등 모든 것을 남과 나눈다. 그 결과 여러 선택들, 대안들, 창조력 등 다채로운 가능성이 열린다. 이런 풍요의 심리는 깊은 내적 자존감과 안정감에서 발생한다.[7]

✿

모든 직업이 비록 도전이 아니고 지루한 면이 있더라도, 업무 외의 여러 영역에서 다양한 기회가 존재한다. 그 기회를 통해 우리는 관심사를 넓히고, 그 관심사들에 대해 더 잘 이해하고 깊은 지식을 쌓을 수 있다. 관련된 실력도 개발해 관심사에 보다 활발히 참여하고 널리 알릴 수도 있다. 한마디로, 인생을 좀 더 적극적으로 살 수 있다.[4]

∾

장기적인 관점에서는 둘 다 승리하지 못한다면 둘 다 결국 지게 된다. 그래서 상호의존적인 우리의 현실에서 승-승만이 유일한 대안인 것이다.[7]

∾

인생의 대부분은 경기 시합이 아니다. 우리는 매일매일 배우자며 자녀들, 동료, 이웃, 친구들과 경쟁하면서 살아가지 않는다. "배우자와의 경쟁에서 누가 이기고 있나요?"라고 누가 묻는다면 무척 황당할 것이다. 그 관계에서 둘 다 이기고 있지 않다면, 둘 다 지고 있는 것이다.[7]

∾

많은 사람들이 이분법적으로 사고한다. 약하거나 강

하거나, 부드럽거나 과격하거나, 이기거나 지거나 둘 중 하나만 있다고 본다. 하지만 그런 사고는 원칙이 아닌 권력이나 지위에 기초한 것으로, 근본적인 결함이 있다. 승-승은 세상이 모두에게 넉넉하게 돌아갈 것이 있을 만큼 풍요롭다고 바라보며, 다른 사람들이 실패해야만 한 사람이 성공할 수 있다고 생각하지 않는다.[7]

소유에 대한 이해가 진정한 나눔에 대한 이해에 선행하는지도 모른다.[7]

복수는 양날의 칼이다. 내가 아는 부부가 이혼할 때 남편은 법원에서 모든 재산을 팔아 그중 절반을 부인에게 주라는 명령을 받았다. 그 명령을 이행할 때 그는 10,000달러가 넘는 차를 50달러에 팔아 부인에게 25달러를 주었다.[7]

문제가 발생했을 때 많은 사람들의 머릿속에 가장 먼저 드는 생각은 상대를 고소해서 법원으로 끌고 가서 그를 '이기는' 것이다. 하지만 그런 방어적인 심리는 남과 잘 협력할 수 없고 창의적이지도 못하다.[7]

부족의 심리란 인생을 제로섬의 패러다임으로 보는 것이다. '부족의 심리'를 가진 사람들은 다른 사람들이 불행을 당하기를 은근히 희망한다. 이때 그들이 원하는 불행은 가혹한 것이라기보다 어느 정도 견딜 만해서 그들이 그냥 '제자리'를 지키고 있게 하는 것이다. 그들은 남들과 비교해서만 자기 가치를 찾기 때문에 다른 누군가의 성공은 곧 자신의 실패를 의미하기도 한다.[7]

승-승의 사고는 사업뿐 아니라 인생 모든 관계에서 중요하다. 누구의 마음이든 열 수 있는 입장권과도 같다.[5]

승-승을 생각해라.[7]

우리는 종종 논쟁의 목적은 상대를 이기는 데 있다고 생각한다. 하지만 만약 친구들이나 가족들에게 그렇게 행동한다면 사랑이 넘치고 창조력을 자극하는 관계는 맺기 어렵다.[5]

이기는 건 재밌다. 하지만 이기는 방법은 한 가지가 아니다. 인생은 과거에 테니스 경기를 마치면 승리한 쪽 한 명만 그물을 뛰어넘어 상대편 선수에게 악수를 청하는 테니스 시합이 아니다. 둘 다 이겨서 같이 행복해질 수 있는 새로운 현실을 만들었을 때 훨씬 즐겁다.[5]

승-승은 어떤 외적 성격의 요령 같은 것이 아니다. 승-승은 인간의 모든 상호작용에서 양측이 상승효과를 얻도록 하려는 마음의 자세이자 철학으로, 성실성, 성숙, 풍요의 심리에서 나온다. 또한 신뢰가 깊은 인간관계에서 발생한다.[7]

스티븐 코비가
선택한 명언들

— STEPHEN R. COVEY'S FAVORITE QUOTATIONS —

♪

사람은 반복적으로 행동하는 것에 따라 판명되는 존
재이다. 따라서 탁월함이란 행동이 아니라 습관이다.

—아리스토텔레스

♪

생각을 바꾸면 행동이 바뀌고,
행동을 바꾸면 습관이 형성된다.
습관이 형성되면 성품이 변하고,
성품이 변하면 운명이 결정된다.

—조지 다나 보드맨

아이들은 자신의 탄생이 하나의 기적적인 사건임을 알아야 한다. 태초 때부터 자신과 똑같은 아이는 한 명도 없었고, 앞으로도 없을 그런 특별한 존재이기 때문이다. —파블로 카잘스

JP

계획 자체는 아무런 가치도 없다. 하지만 계획을 수립하는 것은 무한한 가치가 있다. —피터 드러커

JP

우리가 직면한 심각한 문제들은 그 문제들이 발생한 그 당시의 사고방식으로는 해결할 수 없다.

—앨버트 아인슈타인

JP

모든 자유인의 역사는 절대 우연으로 쓰이지 않는다. 선택으로 쓰인다. —드와이트 아이젠하워

우리는 지혜 탐험을 중단해서는 안 된다
모든 지혜 탐험의 궁극적인 목표는
우리가 시작했던 지점을 다시 방문해서
그곳이 생소하게 느껴지는 데 있다.

-T.S. 엘리엇

우리가 지속적으로 하는 일은 점점 쉬워진다. 일의 속
성 자체는 변하지 않지만 그 일을 수행하는 우리의 능
력이 더 나아지기 때문이다.   -랠프 왈도 에머슨

모든 아이는 천재로 태어난다. 그렇지만 10,000명 중
9,999명이 별 악의는 없었던 어른들에 의해 천재성을
빼앗긴다.   -벅민스터 풀러

가장 중요한 일들이 가장 사소한 일들에 의해 좌우되
어서는 안 된다.   -요한 볼프강 본 괴테

사람을 현재의 모습대로 대해 주면 현재 모습 그대로 남는다. 사람을 앞으로 될 수 있고 또 되어야 하는 모습으로 대해 주면 그는 그런 모습으로 변할 것이다.

— 요한 볼프강 본 괴테

성공하는 사람은 실패하는 사람들이 하기 싫어하는 일을 하는 습관을 가지고 있다. 그 사람들도 그 일을 좋아서 하는 것은 아니다. 그들의 강력한 목적의식이 싫은 감정을 극복해 낼 뿐이다.

— 앨버트 그레이

대중을 구원하려고 노력하는 것보다 문제가 있는 한 사람에게 온전히 헌신하는 것이 보다 고귀한 일이다.

— 다그 함마르셸드

나는 복잡함을 그저 외면하는 단순함에는 전혀 관심이 없다. 하지만 복잡함 속에 내재한 단순함을 찾기

위해서는 내 오른팔도 바칠 수 있다.　－올리버 웬델 홈즈

*

우리가 어떤 일들을 지나왔고 앞으로 어떤 일들을 맞을 것인가 하는 문제는 우리 내면에 무엇이 있는지에 비하면 사소한 문제이다.　　　　　－올리버 웬델 홈즈

*

신뢰 없는 우정은 있을 수 없고, 성실성 없는 신뢰란 있을 수 없다.　　　　　　　　　　　－새뮤얼 존슨

*

언제 생각해봐도 놀라운 것이 두 가지 있다. 하나는 별이 가득한 우주이고, 다른 하나는 사람에게 내재되어 있는 도덕률이다.　　　　　　　　　－임마누엘 칸트

*

모든 절반의 진실은 결국 말하지 않은 나머지 절반의 진실의 부정으로 나타난다.　　　　　　－D. H. 로렌스

평화로운 과거의 신조들은 풍랑이 거센 오늘날에 알
맞지 않다.   -에이브러햄 링컨

나는 오늘 할 일이 너무 많기 때문에 더 많은 시간을
무릎을 꿇고 앉아 기도해야 한다.   -마르틴 루터 킹

습관은 밧줄과도 같다. 우리는 습관이라는 밧줄을 매
일 짜고 있다. 이렇게 짜인 습관은 절대로 파손되지
않는다.   -호레이스 만

우리는 황금률을 기억장치에 새겨 넣었다. 이제 우리
의 생활 속에 그것을 실천하자.   -에드윈 마크햄

인생에서 가장 치열한 전쟁은 영혼의 고요한 방에서
매일 매일 치러진다.   -데이비드 맥케이

ᓚ

일반적인 상식으로 받아들여지는 의견에 반대하는
사람이 있다면, 그 사람에게 고마워하고 그 사람의 이
야기를 열린 마음으로 듣자. 그가 아니었더라면 우리
가 했어야 할 일을 대신 해주니 얼마나 기쁜가.

－존 스튜어트 밀

ᓚ

요즘 가끔 내 삶을 되돌아보면, 나에게 가장 큰 깨달
음이 되는 것은 그 당시에는 가장 의미 있고 매력적으
로 느껴졌던 일들이 이제 와서는 가장 무의미하고 모
순된 것으로 보인다는 것이다.　　　－맬컴 머거리지

ᓚ

우리는 쉽게 얻은 것을 너무 가볍게 생각한다. 만물에
가치를 부여하는 것은 각자가 생각하는 귀중함뿐이
다. 하나님만이 만물에 적절한 가치를 부여하는 방법
을 알고 있다.　　　　　　　　　　－토마스 페인

ঞ

사람들의 마음속에는 이유들이 존재한다. 그 이유들은 이성적으로 판단하기 어렵다.　　　　 － 블레즈 파스칼

ঞ

그 누구도 당신의 동의 없이 당신에게 상처를 줄 수 없다.　　　　　　　　　　　 － 엘리노어 루스벨트

ঞ

잔인한 사람은 가장 약한 사람이다. 부드러움은 강한 사람에게서만 기대할 수 있다.　　　　 － 레오 로스킨

ঞ

인생에서 진정한 기쁨은 자신이 가장 중요하다고 생각하는 목적을 위해 공헌하는 것이다. 세상이 자신을 행복하게 해주지 않음을 불평하고 배 아파하며 열병을 앓고 있는 이기적인 고깃덩어리는 진정한 기쁨을 얻을 수 없다.

나는 나의 삶이 사회에 속해 있으며 살아 있는 동안 사회를 위해 무엇인가 할 수 있다는 것은 나의 특권이

라고 생각한다. 나는 죽을 때 내 자신이 완전하게 소진된 상태이기를 원한다. 내가 더 열심히 봉사할수록 나는 더 오래 살아남기 때문이다. 나는 이러한 목적을 가지고 인생을 즐긴다. 나에게 인생은 곧 꺼져버릴 촛불이 아니라 일종의 찬란한 횃불이다. 이 횃불을 다음 세대에 넘겨주기 전에 내가 들고 있는 순간만은 가능한 최대로 밝게 빛나게 하고 싶다.　　-조지 버나드 쇼

∽

우리는 영적인 경험을 하는 인간들이 아니다. 우리는 인간의 삶을 경험하는 영적인 존재들이다.

-피에르 테일라르 드 샤르댕

∽

세상을 위해 당신이 할 수 있는 최선을 다하면, 결과적으로 당신은 상처 입을지도 모른다. 그래도 최선을 다하라.　　-마더 테레사

∽

의식적인 노력으로 스스로의 인생을 향상시키는 인

간의 불가사의한 능력보다 더 우리를 고무시키는 것
은 없다.　　　　　　　　　　　　－ 헨리 데이비드 소로

♫

악의 나뭇가지를 수천 개 쳐내기보다 뿌리를 잘라내
는 것이 더 낫다.　　　　　　　　－ 헨리 데이비드 소로

스티븐 코비의 책들

1. *First Things First: To Live, to Love, to Learn, to Leave a Legacy*(New York: Simon & Schuster, 1995)《소중한 것을 먼저 하라》, 김영사, 1997년).

2. *Great Work, Great Career*(Salt Lake City: FranklinCovey Co., 2010).

3. *Principle-Centered Leadership*(New York: Simon & Schuster, 1991)《원칙 중심의 리더십》, 김영사, 2001년).

4. *Spiritual Roots of Human Relations*(Salt Lake City: Deseret Book, 1976).

5. *The 3rd Alternative: Solving Life's Most Difficult Problems*(New York: Free Press, 2011)《스티븐 코비의 마지막 습관》, 김영사, 2015년).

6. *The 7 Habits of Highly Effective Families*(New York: St. Martin's Griffin, 1997)《성공하는 가족들의 7가지 습관》, 김영사, 1998년).

7. *The 7 Habits of Highly Effective People*(New York: Free Press, 2004)《성공하는 사람들의 7가지 습관》, 김영사, 1994년).

8. *The 8th Habit: From Effectiveness to Greatness*(New York: Free Press, 2004)《성공하는 사람들의 8번째 습관》, 김영사, 2005년).

9. *The Leader in Me*(New York: Free Press, 2008)《리더 인 미》, 김영사, 2016년).

다른 출처들

10. "Big Rocks," FranklinCovey video, 1989.

11. B.J. Gallagher, "Why Don't I Do the Things I Know Are Good for Me?"(New York: Penguin, 2009).

12. Janet Attwood and Jack Canfield, "Dr. Stephen R. Covey, Leading People from Effectiveness to Greatness," A life on Fire: Living Your Life with Passion, Balance and Abundance(Enlightened Alliances, LLC, no date).

13. "Knowledge Workers: 10,000 Times the Product-ivity." Stephen R. Covey blog. http://www.stephencovey.com/blog?p=15.

14. "Dr. Stephen Covey Interview Featuring Jay Abraham, May 10, 2005."http://abraham-pop.s3.amazonaws.com/stephencoveyinterwiew.pdf.

15. "Our Children and the Crisis in Education," *Huffington Post*, April 20, 2010. http://www.huffingtonpost.com/stephen-r-covey/our-children-and-the-crisis?_B_545034.html.

16. Leo Babauta, "Exclusive Interview: Stephen Covey on His Morning Routine, Technology, Blogs, GTD and The Secret." http://zenhabits.net/exclusive-interview-stephen-covey-on-his-morning-routine-blogs-technology-gtd-and-the-secret/.

17. Dan Schawbel, "Stephen Covey Gives You a 3rd Alternative," *Forbes*, Oct. 4, 2011. http://www.forbes.com/sites/danschawbel/2011/10/04/stephen-r-covey-gives-you-a-3rd-alternative/.

18. Stephen R. Covey, "We Can Do Better Than This: A 3rd Alternative," *Huffington Post*, October 6, 2011. http://www.huffingtonpost.com/stephen-r-covey/we-can-do-bette-than-thi_2_b_998107.html.

19. "A Day With Stephen Covey," July 17, 2012. http://insights.

execunet.com/index.php/comments/a_day_with_stephen_r_covey/best-practices/more.

20. Personal conversation with Stephen R. Covey.

21. Unsourced, attributed to Stephen R. Covey.

이 책을 번역하면서 몇 년 전에 소천하신 코비 박사님이 많이 그리워졌다. 박사님은 나의 인생코치였고 스승이었으며 롤 모델이었다. 그는 25년 전에 이혼 직전의 우리 부부를 "성공하는 사람들의 7가지 습관(7H)" 책과 리더십 교육으로 재결합시켜 주었다. 이 책 상당 부분의 소스인 7H 책은 철학적인 내용이 많아서 내가 번역하는 과정에서 박사님의 도움을 받았고, 한국을 6회 이상 방문하면서 그 책이 밀리언셀러, 스테디셀러가 되게 도와주었다.

그는 7H 내용이 한국인의 홍익인간, 상부상조 정신과 일치한다고 하면서 세계 각처에서 나와 한국을 많이 홍보하기도 했다.

이 책의 소스가 된 그의 저서나 강의 내용들 대부분이 한국어로 번역되었거나 강의로 소개되었다. 한국리더십센

터는 2020년까지 20%의 한국 국민이 7H 내용을 직간접적으로 접하게 하자는 사명감을 가지고 애쓰고 있는데 이 책의 발행으로 그 꿈이 실현될 것 같다. 많은 교육자, 상담사, 코치, HR 담당자들의 필독서가 될 것이기 때문이다.

지금까지 2,000여 명의 7H 워크숍 강사가 양성되어 500만 성인들이 2시간 이상의 각종 강의를 들었고, 최근에는 "리더 인 미" 인성교육이 초·중·고교로 확산되고 있다. "기본과 원칙을 따르면 결국은 성공한다"는 철학을 가지고 진행해온 이 교육은 한국 역사에서 성경이나 불경 공부 다음으로 많은 사람이 그 내용을 접하고 있다. 지금까지 1,500명의 목회자, 900여 명의 수녀들, 수십 명의 스님들이 수강했기 때문이다.

이 책은 7H 애독자들이나 워크숍 참가자들, 또는 코비 박사님의 가르침을 파악하고 싶어 하는 한국인들에게 좋은 요약본이 되고, 복습교재가 될 것이다. 7H 워크숍은 24시간이나 걸리고, 책 내용도 방대하여 많은 사람들이 엄두를 내지 못하고 있기 때문이다.

특히 가치관 정립에 어려움을 겪으며 이 시대를 살아가는 한국인들에게 적합한 지혜의 말들이 많아서 독자들의 사랑을 받을 것으로 기대된다.

옮긴이의 글

이 책 번역에 큰 도움을 준 한국리더십센터 교수님들, 특히 김선준 교수님의 헌신적인 노력에 감사한다.

2017년 4월

김경섭